人生遵俗

人生处世与礼俗文化

肖东发　主编　袁凤东　编著

中国出版集团

现代出版社

图书在版编目（CIP）数据

人生遵俗 / 袁凤东编著. — 北京：现代出版社，
2014.9（2019.1重印）
ISBN 978-7-5143-2524-9

Ⅰ. ①人… Ⅱ. ①袁… Ⅲ. ①风俗习惯－介绍－中国
Ⅳ. ①K892

中国版本图书馆CIP数据核字(2014)第217277号

人生遵俗：人生处世与礼俗文化

主　　编： 肖东发
作　　者： 袁凤东
责任编辑： 王敬一
出版发行： 现代出版社
通信地址： 北京市定安门外安华里504号
邮政编码： 100011
电　　话： 010-64267325 64245264（传真）
网　　址： www.1980xd.com
电子邮箱： xiandai@cnpitc.com.cn
印　　刷： 三河市华晨印务有限公司
开　　本： 710mm×1000mm　1/16
印　　张： 10
版　　次： 2015年4月第1版　　2021年3月第4次印刷
书　　号： ISBN 978-7-5143-2524-9
定　　价： 29.80元

党的十八大报告指出："文化是民族的血脉，是人民的精神家园。全面建成小康社会，实现中华民族伟大复兴，必须推动社会主义文化大发展大繁荣，兴起社会主义文化建设新高潮，提高国家文化软实力，发挥文化引领风尚、教育人民、服务社会、推动发展的作用。"

我国经过改革开放的历程，推进了民族振兴、国家富强、人民幸福的中国梦，推进了伟大复兴的历史进程。文化是立国之根，实现中国梦也是我国文化实现伟大复兴的过程，并最终体现为文化的发展繁荣。习近平指出，博大精深的中国优秀传统文化是我们在世界文化激荡中站稳脚跟的根基。中华文化源远流长，积淀着中华民族最深层的精神追求，代表着中华民族独特的精神标识，为中华民族生生不息、发展壮大提供了丰厚滋养。我们要认识中华文化的独特创造、价值理念、鲜明特色，增强文化自信和价值自信。

如今，我们正处在改革开放攻坚和经济发展的转型时期，面对世界各国形形色色的文化现象，面对各种眼花缭乱的现代传媒，我们要坚持文化自信，古为今用、洋为中用、推陈出新，有鉴别地加以对待，有扬弃地予以继承，传承和升华中华优秀传统文化，发展中国特色社会主义文化，增强国家文化软实力。

浩浩历史长河，熊熊文明薪火，中华文化源远流长，滚滚黄河、滔滔长江，是最直接的源头，这两大文化浪涛经过千百年冲刷洗礼和不断交流、融合以及沉淀，最终形成了求同存异、兼收并蓄的辉煌灿烂的中华文明，也是世界上唯一绵延不绝而从没中断的古老文化，并始终充满了生机与活力。

中华文化曾是东方文化摇篮，也是推动世界文明不断前行的动力之一。早在500年前，中华文化的四大发明催生了欧洲文艺复兴运动和地理大发现。中国四大发明先后传到西方，对于促进西方工业社会的形成和发展，曾起到了重要作用。

中华文化的力量，已经深深熔铸到我们的生命力、创造力和凝聚力中，是我们民族的基因。中华民族的精神，也已深深植根于绵延数千年的优秀文化传统之中，是我们的精神家园。

总之，中华文化博大精深，是中国各族人民五千年来创造、传承下来的物质文明和精神文明的总和，其内容包罗万象，浩若星汉，具有很强的文化纵深，蕴含丰富宝藏。我们要实现中华文化伟大复兴，首先要站在传统文化前沿，薪火相传，一脉相承，弘扬和发展五千年来优秀的、光明的、先进的、科学的、文明的和自豪的文化现象，融合古今中外一切文化精华，构建具有中国特色的现代民族文化，向世界和未来展示中华民族的文化力量、文化价值、文化形态与文化风采。

为此，在有关专家指导下，我们收集整理了大量古今资料和最新研究成果，特别编撰了本套大型书系。主要包括独具特色的语言文字、浩如烟海的文化典籍、名扬世界的科技工艺、异彩纷呈的文学艺术、充满智慧的中国哲学、完备而深刻的伦理道德、古风古韵的建筑遗存、深具内涵的自然名胜、悠久传承的历史文明，还有各具特色又相互交融的地域文化和民族文化等，充分显示了中华民族的厚重文化底蕴和强大民族凝聚力，具有极强的系统性、广博性和规模性。

本套书系的特点是全景展现，纵横捭阖，内容采取讲故事的方式进行叙述，语言通俗，明白晓畅，图文并茂，形象直观，古风古韵，格调高雅，具有很强的可读性、欣赏性、知识性和延伸性，能够让广大读者全面接触和感受中国文化的丰富内涵，增强中华儿女民族自尊心和文化自豪感，并能很好继承和弘扬中国文化，创造未来中国特色的先进民族文化。

2014年4月18日

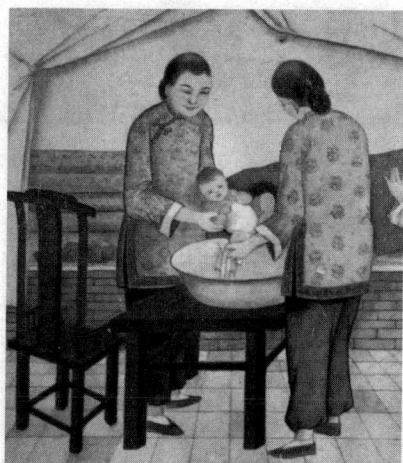

美好寄托——诞生礼俗

幸福美满——人生礼俗

生活规范——日常礼俗

百善孝為先

万事如意——处世礼俗

诞生礼俗

　　人的诞生，俗称"生日"。婴儿降生，是人生的开始，也是人生的大事、喜事，家人欢欣，亲朋相贺。诞生礼是我国传统的诞生礼俗之一，不同地区、民族，形式多有不同，从刚出生洗礼开始到宝宝周岁抓周，通常都有祝福、保健等含义。

　　诞生礼俗是人一生中的开端礼，从未孕时的祈子到婴儿周岁，人们都会举行一系列的仪式。比如，祈子仪式、"催生""报喜""三朝""满月""百日""抓周"等，一切诞生礼俗都围绕着长命百岁的主题展开，都具有美好寄托的意思。

期盼早生贵子的祈子礼

在我国，已婚妇女在未怀孕之前，民间有种种企盼怀孕得子的习俗，多带有神秘色彩。祈子仪式中最普遍的是向神灵求子。相传民间主管生育的神灵包括碧霞元君、送子观音、送子娘娘、金花娘娘等。

送子观音庙

"送子观音"很受我国妇女喜爱。送子观音，俗称"送子娘娘"，是一位抱着男孩的妇女形象。《法华经》中说："若有女人设欲求男，礼拜供养观世音菩萨，便生福德智慧之男；设欲求女，便生端正有相之女。"这是民间"送子观音"的由来。

民间认为，妇女只要摸摸送子观音塑像，或是口中诵念和心中默念观音，即可得子。

金花娘娘，又称金花夫人、金花圣母，她是我国粤、桂、甘、鄂、浙等地信奉的生育女神。据屈大均《广东新语》载，金花是一个广东的女性巫师，端午节观看龙舟竞赛时溺毙，尸体数日不腐败，还有异香，接下来湖中浮现一块木头雕像，神似金花。于是雕像被当地人膜拜，金花也被视为神明，因为求子较为灵验，被尊为送子娘娘。

相传，临水夫人名陈靖姑，又作陈进姑，为唐代福州人。她幼时天性聪颖，后得仙人教化，懂符箓之术，能驱五丁，成年嫁予古田刘杞。据说，陈靖姑24岁那年，为百姓抗旱而毅然"脱胎祈雨"，因身体虚弱而卒。临死自言："吾死必为神，救人产难。"因此，她逐成为闽地最著名的"专保童男童女，催生护幼"的助产神。世称临水夫人、顺懿夫人、大奶夫

■ 白瓷送子观音像

碧霞元君 即天仙玉女泰山碧霞元君，俗称泰山娘娘、泰山老奶奶、泰山老母等。碧霞元君是道教中的重要女神，能够"统摄岳府神兵，照察人间善恶"。泰山及其他地方建有许多"娘娘庙"，并常在左右配祀送子娘娘、催生娘娘、眼光娘娘、天花娘娘等。

人、陈夫人等，永安民间尊奉她为"顺天圣母"或"注生娘娘"。

潮汕人把妈祖作为施赐子嗣的神祇来崇拜。对于妈祖，《三教搜神大全》载：

> 尤善司孕嗣，一邑共奉之。邑有某妇醮于人，十年不字，万方高祷，终无有应者，卒祷于妃，即产男子嗣。是凡有不育者，随祷随应。

每逢妈祖圣诞这一天，潮汕乡民都要到天妃庙去抬天妃出游。这时，那些结婚而未有子嗣的人最为踊跃。因为能为妈祖抬轿，都意在求妈祖赠福赐子。而那些无能力为妈祖抬轿效劳的，就站在旁边，等妈祖圣驾经过时，摸一摸妈祖轿，也算是沾了光。

在潮州，人们往往将灯挂到凤栖路路口的凤栖庙门口，然后，每晚抱着孩子到庙中，一方面往自己的灯笼里添点红蜡烛，一方面接受四邻的祝贺。还要在庙前悬八屏大"花灯"，后宫里还挂着一只彩凤，并在供桌上摆了"花碗"。而这些花灯和大彩凤，就成了那些娶了媳妇而尚未生育或只生女未生男的人的争夺对象。

人们在菩萨面前掷杯许愿，派人把一屏花灯送到自己家里，然后兴高采烈地把花灯屏挂上厅堂，让四邻亲戚前来赏灯，预祝他家早得贵子。当然，那一只象

■麒麟送子图

征吉祥的彩凤，更是难求。无论是得花灯还是得彩凤的人，到明年"上灯"时，必偿还一屏新扎的花灯屏或一只彩凤。

在求子仪式中，最突出的是麒麟送子仪式。在传说中，麒麟为仁兽，是吉祥的象征，能为人带来子嗣。相传孔子将生之夕，有麒麟吐玉书于其家。此虽传说，实为"麒麟送子"之本，见载于晋王嘉《拾遗记》。

在曲阜，有一条阙里街。孔纥与颜徵在夫妻二人仅孔孟皮一个男孩，但患有足疾，不能担当祀事。夫妇俩觉得太遗憾，就一起在尼山祈祷，盼望再有个儿子。

一天夜里，忽有一头麒麟踱进阙里。麒麟举止优雅，不慌不忙地从嘴里吐出一方帛，上面写着文字："水精之子孙，衰周而素王，徵在贤明。"第二天，麒麟不见了，孔纥家却传出一阵响亮的婴儿啼哭声。

民间还有这样一个传说：古代有位画师，老而无子。画师偏爱画麒麟，屋里铺满他所画的各种稀奇古怪的麒麟。有一天晚上，他突然看到一匹金光闪闪的麒麟，身上驮着一个小孩子，朝着他走来。画师一高兴，笑醒了，原来只是一场梦。到了第二年，他的夫人便得一"老来子"，小孩子绝顶聪明，6岁就能赋诗作画，人们称这孩子为麒麟童。

■ 麒麟送子年画

花灯 又名"彩灯""灯笼"。起源于唐代，盛于明代，到了宋代遍及民间。我国历代花灯的制作十分讲究，品种繁多。如明朝画家唐寅有诗云："有灯无月不娱人，有月无灯不算春。春到人间人心玉，灯烧月下月如银。满街珠翠游村女，沸地笙歌赛社神。不到芳尊开口笑，如何消得此良辰。"

各地多有麒麟送子之俗，以湖南最盛。据《长沙新年纪俗诗》载：

> 妇人多年不生育者，每放龙灯到家时，加送封仪，以龙身围绕妇人一次，又将龙身缩短，上骑一小孩，在堂前绕行一周，谓之麒麟送子。

麒麟属于龙族，此乃以龙灯代麒麟者。

在湖南衡阳一带，送的则是冬瓜，时间在中秋节的晚上。冬瓜在几天前就准备好了，并且用彩色绘成面具，用衣服裹成人形，由年长命好的老人抱着，爆竹噼啪地送去。送到家时，把冬瓜放在床上，用被子盖住，老人念祝吉词："种瓜得瓜，种豆得豆。"

送瓜者也有"暗送"的。先将瓜内注入清水，再包上婴儿衣服，悄悄送至邻近无子女夫妇床上，用被子盖上，待该夫妇就寝时，抖动被窝，里面的瓜随之滚动，浸湿被褥，象征小孩尿床，不仅不怒，反而欢喜。

与这种送子风俗相似的还有"拍喜""棒打求子"等习俗。都同样表达了人们祈求得子的美好愿望。

阅读链接

每年春节，民间都有张贴麒麟送子的年画和举行麒麟送子活动的习俗。麒麟送子年画的画面正中为一匹龙头、狮尾、细腿、马足、全身披甲鳞的麒麟，背上驮着一个手抱莲蓬的童子，寓"连生贵子"之意。

麒麟送子活动是在春节时，送纸扎麒麟，扎成的麒麟下巴上有许多胡须。那些未生孩子的妇女或者才过门的小媳妇到麒麟面前拽胡子时，旁边则有人唱着"早生贵子早得福""寿比南山不老松"等一类吉利语。

呼唤宝宝降生的催生礼

在人生礼俗中，生育是一个重要的环节。孕妇临产的那个月叫达月，到了达月，娘家必送礼物以示催生。因催生礼品丰盛，往往须用担挑上，所以有的地方干脆就叫"催生担"。

据宋代《梦粱录》记载：

> 杭城人家育子，如孕妇入月，期将届，外舅姑家以银盆或彩盆，盛粟秆一束、上以锦或纸盖之，上簇花朵、通草、贴套、五男二女意思，及眠羊卧鹿，并以彩画鸭蛋一百二十

吹笙雕塑

■催生仪式用的长凳

人生遵俗

人生处世与礼俗文化

《梦粱录》 南宋吴自牧所著。对于南宋首都临安府的城市景观、地理环境、里巷风俗、朝廷典祀，作了翔实的记载。其中一些文化史和城市地理方面的资料，更可以弥补正史、地方志之不足。是研究宋史的宝贵资料，具有重要的参考价值。

枚、膳食、羊、生枣、粟果及孩儿绣绷彩衣，送至婿家，名"催生礼"。

作为催生礼，一般有衣、食两项。衣有凡婴儿出生后所需用的衣服、鞋帽、包被、诞兜及至尿布都送上；食有鸡蛋、红糖、长面、桂圆、核桃等等。

催生礼随民风乡情不同，各地自有特色。

在杭州，孕妇产期将届的那个月的初一，娘家派人送催生礼，有喜蛋、桂圆及褓褓。同时，要携带一笙吹着进门，以"笙"谐"生"，以"吹笙"表示"催生"之意。也有同时用红漆筷子十双，或用竹筷用洋红染之，一并送往，取快生快养之意。

在温州地区，女儿临产前，母亲要送肉给女儿。肉约一寸见方，切得端正，不偏不倚，烧熟送去，当地叫"快便肉"，以为产妇吃了，临产快捷。

在江苏南京地区，过去每当孕妇足月后，娘家要将其接回去，给她吃面。吃时，大门洞开，用一长凳横在门前。女儿吃完面后，转身就走，一脚踢倒门前木凳，径直返回夫家，不得回头，说这样便能顺产。

《金陵琐志·炳烛里谈》卷上曾述及清末南京送"过街面"以催生的习俗：

> 妇人将产子，母家必备小儿服饰及鸡、肉、面、微相馈，谓之催生。送礼后，逾月犹不生，则遣女仆备热面数碗送往女家，置诸地，急趋而出。女家人取食之，谓之过街面，是亦催生之余波也。

面条有"长寿面"或"长生面"之谓，用于寿诞祝年岁久长，又由于它与"生"有关，故被转用于妇人生产。其所谓"过街"，即暗指小儿从娘胎来到人间的出世，犹如由此及彼的过街一样，快捷、轻松。

江苏高邮是有名的麻鸭之乡，不少礼俗都离不开一个"鸭"字。当地送催生礼多送开裆鸭。女儿出嫁，十月怀胎，女儿怀孕时，娘家常送些生果子，一是女儿想吃酸的，二是让女儿时刻记住一个"生"。催生礼送上膘肥不生蛋的祥生鸭，表示女儿生养顺利，别有一番风味。

在四川自贡等地区，旧俗妇女结婚怀孕后，娘家要为其准备产后的鸡、蛋、米

■ 儿童用的绣花围嘴

和为即将出世的宝宝准备鞋袜、衣帽。

在安徽含山等地，妇女怀孕期间，娘家要准备婴儿穿的衣、被、尿片等用品，婆家则于临产时炒"阴米子"，即蒸熟晒干的糯米饭，再以铁锅烘炒，俗称"催生米"，以便生育后用开水泡食。

在徽州，产妇临盆前，娘家要备好新生婴儿软帽，俗称"被窝帽"；和尚衣，即无领，无纽扣，以绳带连系的小人衣；包裙，口涎围、小鞋袜、尿布、红枣、红糖、鸡蛋等物，于月初一或十五送至婿家，俗称"催生"。

按照习俗，送"催生"时，在路上还需打伞遮天，不能说一句话。据说"催生"衣物，有神灵护送，报日后平安，故不让天色人语惊扰神灵，以图安康、吉利。

在广东饶平，规定临产前一日，娘家要备新生儿的衣服、鞋、帽等数套及各种点心食品，如麦包、粽子、红鸡蛋等，送至婆家"催生"。婆家收下服装和大部分点心食品，退回小部分，并将收下的点心食品，分赠给亲友、邻居。

以上说的"催生"，无非是孕妇的亲娘借此将婴儿出世后需用的东西送过来，并寄托希望女儿快生、顺产之意。

阅读链接

民间有一个关于催生娘娘的传说：从前，有个年轻媳妇名叫桂英，在头胎生产时因难产死了，死后就成了产妇鬼。桂英虽为鬼仍留恋人间生活，极想还阳重返人间。有个鬼卒知道她的心事后，给她出了个主意："每到天黑你就出去，看哪家妇人生娃儿，只要不让她生出来，你就可以取替身超生。"

桂英照鬼卒说的办法做了。但她每次见到孕妇难产时的痛苦样子，怜悯和同情心总是油然而生，就千方百计设法解除产妇的痛苦，使孩子能够顺利地降生。后来，阎罗王知道了，认为她做了不少善事，就晋封她为"催生娘娘"。

宣告宝宝诞生的报喜礼

生儿育女是家庭、家族的一桩大喜事。因此，当婴儿一降生，主人就要到亲戚、朋友、邻家以及宗祠去报喜，报喜也就成为婴儿出生时的一项礼仪活动。

《诗经·小雅·斯干》记载："乃生男子，载寝之床，载衣之裳，载弄之璋"；"乃生女子，载寝之地，载衣之裼，载弄之瓦"。故后人称生男生女为"弄璋弄瓦"。

璋即圭璋，是一种玉，为春秋时功臣朝见王侯时所执，使男婴弄璋，是希望他长大后做官。瓦是古代妇女纺织时用的纺锤，让女婴弄瓦，有从

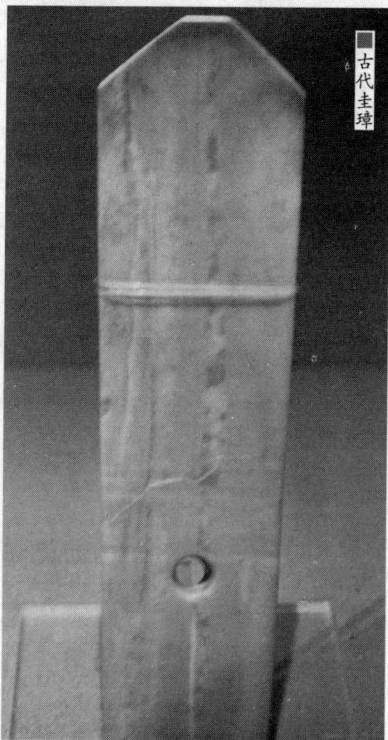

古代圭璋

■ 古代庆生黄酒

黄酒 是我国汉民族特产，属于酿造酒。不同种类的黄酒颜色亦呈现出不同的米色、黄褐色或红棕色。山东即墨老酒和河南双黄酒是北方粟米黄酒的典型代表；福建龙岩沉缸酒、福建老酒是红曲稻米黄酒的典型代表。

小就培养她勤于纺织的寓意。

先秦时期还有这样的习俗：新生儿出生后，如果是男孩，应在门左挂一张木弓，象征男子的阳刚之气；如果是女孩，则在门右挂一块手帕，象征女子的阴柔之德。

经过后世的传承，各地报喜的习俗，往往因地与民族而异，各有独特的风采。

山东青岛地区在孕妇平安分娩后，家里要办的第一件事是"挑红"，就是在大门上挂一块红布，告示乡邻孩子已经平安降生了。

莱西等地还要在屋门上挂一桃枝，桃枝上用红线系着葱、枣和栗子，寓意孩子将来聪明，早日成家立业。"挑红"实际起着报喜的作用，乡邻们见到"挑红"后，即主动到产妇家贺喜，俗称"看欢喜""送汤米"，礼品多为鸡蛋和红糖。

在蓬莱地区，生男孩带公鸡去报喜，生女孩报喜用母鸡；邹县生男孩报喜用一本书，生女孩报喜用一朵花。

山西民间将生男称为"大喜"，也称"弄璋之喜"；生女称为"小喜"，也称"弄瓦之喜"，有些人家生男后，往要在大门口用大幅红布上书"弄璋之喜"挂于门楣上，以向外传递信息，光耀门庭。

高平地区的习俗是生了小孩的当天，女婿要到岳父家报喜。一般都要坐车，左手抱喜锅。喜锅里放着桃枝艾叶；右手托鸡，生男用大红公鸡，生女用有色母鸡；鸡腿上系一小条红布。

在安徽徽州，婴儿顺利落地后，男家要备水酒、红蛋送外婆家报喜。黄酒满壶，壶嘴朝前为男，壶柄朝前为女，一看便知。亲族中每户，分送鸭蛋四个或八个、十二个，许双不许单，折半时也必须是双数。

黟县的习俗是生女儿则默不作声；生男孩，常点放鞭炮，焚香祭祖，并染红鸡蛋，填写红单，由男人送至岳家报喜，接受亲戚和邻居的祝贺。

广东客家地区生男则送黄酒两瓶，大公鸡一只；生女则送红鸡蛋七个，母鸡一只，外婆舅妗见到礼物便知生下是男的还是女的，回赠的礼物称"开生"。

江苏无锡旧法除向娘家报生外，还在第二天给婴儿服三黄汤，即用大黄、黄连、黄芪煎汤，用以祛肠热、清胎毒。

湖南的报喜习俗是由婴儿的父亲带一只大雄鸡、一壶酒和一篮鸡蛋去岳母家报喜。如生男，则在壶嘴插朵红花；如生女，则在壶身贴一"喜"字。岳家立即备宴，招待女婿和乡邻。

回礼的时候，恰好相反，带来公鸡则回送母鸡，带来母

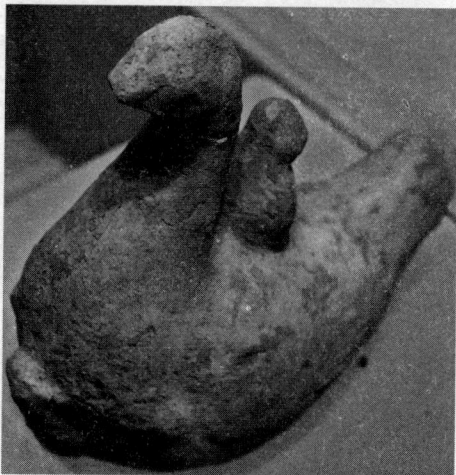

■古代灰陶子母鸡

鸡则回公鸡。不过，无论是送公鸡或母鸡，娘家一般多回送母鸡，当地俗称"鸡婆"。因为鸡婆好吃，营养价值又高，对坐月子的人恢复健康、多发奶水都有益。

湘鄂一带保存下来的生育习俗较为古朴。在湘南、湘西、鄂西、鄂南等地，传承着一种古老朴素的育儿风俗：送祝米，也称"送粥米"或"送鸡米"。

在这些地区，小孩出生后，其父或家人赶紧带上礼物去岳父母家报喜；岳父母家再约定日子，邀集一些亲友挑着喜物前来女婿家祝贺，称为"送祝米"。有俗语云："男家不报喜，女家无祝米。"

送祝米的人以女客为主，大半是产妇的姐妹、姊

■孩子诞生

姨、姪女等；成年男客充当"挑夫"。按照"夜郎"古俗，女人生孩子的"底细"，是不能让男子汉知道的；男人"送祝米"也是被人耻笑的。纵是当作"挑夫"去了，也不能进入产妇房内，更不能和"月婆子"交谈。吃过晚饭后，"挑夫"只能在歌堂听歌，或睡觉。必须服从母系公社时期遗留下来的习俗。

在浙江绍兴，这一天要敬桥神，家人手捧几斤面路过三座桥，回家后将"过桥面"吃完，认为如此可以保证产妇母子平安，像长长的面条那样健康长寿。

福建泉州旧时生男要马上到祖祠去燃放鞭炮，有的甚至鸣火铳，以示向祖先报喜。在家门口或庭院则摔"土结"，意在祈求日后幼儿好养育，长大有胆略。生女则缺乏如此热烈气氛，而且所送礼品也有别，亲友一般仅送鸡蛋，不送线面，以免有连续不断生女之嫌。

在漳州，孩子一出生，孩子的爷爷立即到花圃里摘回一个石榴，切开放在盘子里，供奉祖宗牌位前，一方面向自己的列祖列宗报告家族得以繁衍的喜讯，另一方面祝孩子健康成长。

阅读链接

回族把出生视为一种大礼，保留着许多传统的风俗习惯。临产时，孕妇要洗大净，尽快住进产房，这叫"占房"。回族人认为，孩子出生后，谁先进入产房，孩子的气质就像谁。

在回族民间，婴儿诞生时，产房除了接生婆外，一般连自己的丈夫也不得随意入内，门帘上要挂一个红绸或红布条条，提醒外人免进。婴儿呱呱降生后，若是男孩，则在家庭或亲属、近邻中，选择一个聪明、诚实、勇敢的人首先踏进产房；如是女孩，要选择一个温柔、善良、勤快的人首先踏进产房，这叫"踩生"。

庆贺新生命开始的三朝礼

　　新生儿诞生之初，虽有报喜和张挂标志的礼俗，但都不涉及婴儿，一般到第三天才举行正式仪式，庆贺新生儿的诞生，谓三朝礼。

　　三朝礼早在秦汉时期就盛行于朝野。后世三朝礼的形式大大发

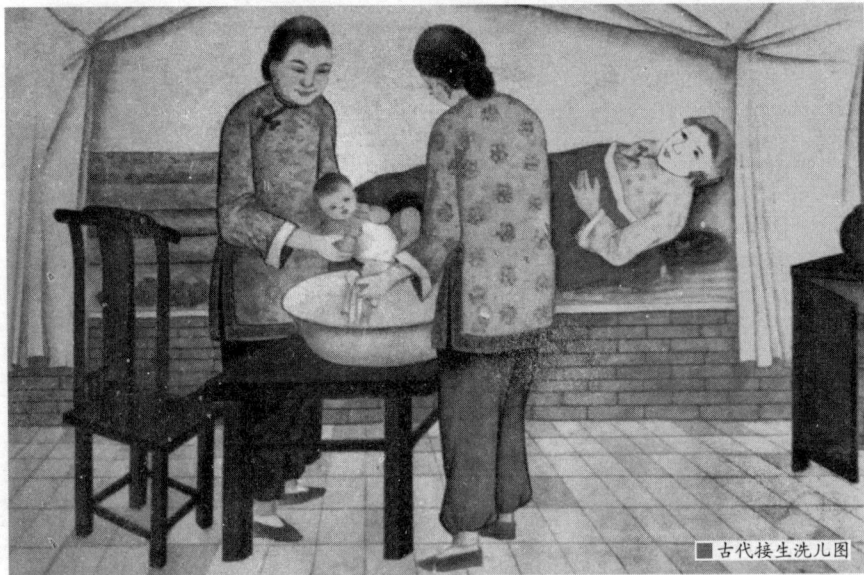

■古代接生洗儿图

展，形成了各具特色的仪式，如洗三、射天地四方、接子等。

洗三，又叫"洗三朝""洗儿"等，是在三朝礼中发展最为完善的仪俗。据说，这样可以洗去婴儿从"前世"带来的污垢晦气，使之大吉大利，平平安安。

这一礼俗唐代即已盛行，上自宫廷，下到民间，都广泛流行三日洗儿的风俗。

726年，唐玄宗李隆基之子、皇太子李亨的妻子郭氏生子李豫。三日洗儿时，唐玄宗亲自前来，赐金盆洗浴。新生儿看起来身体"孱弱"，洗婆于是换了一个体格健壮的孩子冒充皇孙，没想到唐玄宗一眼就看出不是龙孙，于是将真的皇孙抱来，一日三见，其乐融融。

到宋代，洗三已很流行，苏东坡就曾写过"况闻万里孙，已报三日俗"的诗句，并且还记述了当时的"洗三"风俗。

因为地区以及民族的差异，形成了各具特色的洗三仪式。

据《中华全国风俗志·京兆》记载，北京地区"洗三"的当天，必请接生婆到家，酒食款待，然后由家人在产房外厅供上碧霞元君、催生娘娘、痘疹娘娘、眼光娘娘等十三位神祇。

■古代脸盆架

太子 指已确定继承帝位或王位的帝王的儿子。周时天子及诸侯的嫡长子，或称太子，或称世子。秦因之。汉天子号皇帝，故其嫡子称皇太子。金、元时，皇帝之庶子亦称太子，如金有四太子兀术。明以后皇帝之嫡子称皇太子，亲王之嫡子称世子。

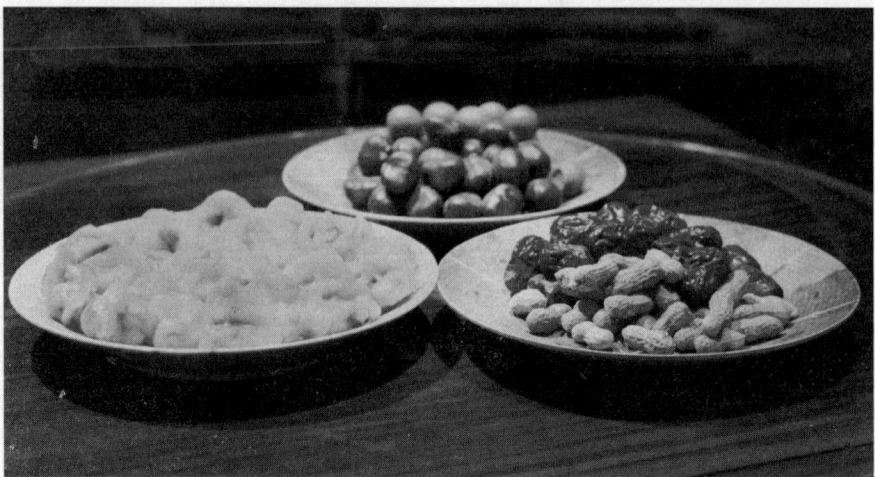

■庆生准备的果品

产妇炕头则供"床公床母"像，以点心或油糕为供品。上香叩头后，便将用槐条、艾叶熬过的水倒入铜盆摆上炕，旁边放凉水一碗和染上红色的各种果品如花生、枣、栗子、桂圆及鸡蛋等一盘，还有一个盘子盛肥皂、矾、胭脂、糖、白布、秤权和锁等。

这时家人亲友按长幼依次往盆中添凉水、果品和铜钱，名曰"添盆"。添盆时接生婆在旁唱祝词，如添水，唱"长流水，聪明伶俐"；如扔果，唱"早早立子""桂元桂元，连中三元"等。

添盆毕，由接生婆洗小儿。小儿哭，称为"响盆"。洗时还边洗边念祝词：

先洗头，做王侯；后洗腰，一辈更比一辈高；洗洗蛋，做知县；洗洗沟，做知州。

随后，点着艾叶球儿，用生姜片作托，象征性地在婴儿脑门上灸一下，再将肚脐处敷以烧过的明矾

知州 我国古代官名。宋以朝臣充任各州长官，称"权知某军州事"，简称知州。"权知"意为暂时主管，"军"指该地厢军，"州"指民政。明、清以知州为正式官名，为各州行政长官，直隶州知州地位与知府平行，散州知州地位相当于知县。

末。梳头打扮时也有祝词：

> 三梳子，两拢子，长大戴个红顶子；左描眉，右打鬓，
> 寻个媳妇准回衬。

此外，还有一些其他表达祝愿的礼俗。如用鸡蛋滚婴儿脸，谓"一生无险"；用葱打三下，谓"聪明伶俐"；拿秤砣权和锁比画几下，谓"秤砣虽小压千斤"，"长大后头紧、脚紧、手紧"。还要把婴儿放在茶盘上，以准备好的金银锞子、首饰等往婴儿身上掖，谓"左掖金，右掖银，花不了赏下人。"最后焚化神祇牌位，洗三仪式方告结束。

洗三过程中的祝词，虽然带有封建色彩，但基本表达的还是希望婴儿将来有所作为的意愿。

湖南衡阳洗三有一特别仪式，即"出天行"，"接生娘子"抱着"毛毛"先拜祖宗，后拜天地。出大门时，有人撑一把清油纸伞，站在大门口的屋基上；"毛毛"的姑姑、姨姨或伯母、婶母二人各拿一

■ 正在休养的产妇

个榴杵，一把蒲扇，一边在廊柱上拍打着，一边唱着《胆大歌》：

> 毛毛抱怀中，三朝出天行，撑起遮天清油伞，榴杵敲门壮大胆。唆岩鸾，岩鹰唆，唱起胆大歌。男儿胆大好进学堂，女儿胆大好遇家娘，天不怕，地不怕，能同雷公打得架……

衡阳"作三朝"不分性别，不论贫富，一律平等，高唱《胆大歌》，一样红火、热闹；《胆大歌》中既唱男孩，也唱女孩，一样地进行鼓励。

与中原洗三相比，湘南"出天行"的重点不在"洗"上，而在于"出"，亦即"闯"的上面。抱着才出世的"毛毛"，出大门站在台基上，边喊边打地"出天行"，给尚未涉世的"毛毛"壮胆，为其日后的出闯助威。

这种古朴的礼仪及浪漫的歌谣，既表现出湖南人特有的火辣辣的倔强性格，也体现了湖湘文化的"冲决罗网"的战斗情调。

阅读链接

三朝礼还有射天地四方、拜床母等仪式。据《礼记·射义》载："故男子生，桑弧蓬矢，以射天地四方。天地四方者，男子之所有事也。故必先有志于其所有事，然后敢用谷也，饭食之谓也。"男孩出生三天以后，父母抱其出外，用弓箭射天地四方。对女孩子，则不行此礼。

传说床神有男女之分，床婆贪杯，而床公好茶，所以以酒祀床母，以茶祀床公，民间在婚礼、生育、三朝、满月等时候有拜床母的习俗，多以浇了酒的肉等为祭。

剃满月头有讲究的满月礼

　　小孩出生后长至满月，就该举行出生以来最为隆重的一次礼仪活动，即满月礼。满月礼为我国古老的文化传统之一，有些地方称"弥月礼"，也有的地方称"做满月"。

时辰 我国古时把一天划分为12个时辰，每个时辰相等于现在的两小时。相传古人根据我国十二生肖中的动物的出没时间来命名各个时辰。西周时就已使用。汉代命名为夜半、鸡鸣、平旦、日出、食时、隅中、日中、日昳、晴时、日入、黄昏、人定。又用十二地支来表示，以夜半23时至1时为子时，1至3点为丑时，3至5点为寅时，依次递推。

做满月早在《魏书·汲固传》中即有记载。自唐代以后民间便有给新生儿做满月的习俗。662年7月，皇子李旭满月，庆典三日。这是关于做满月酒的最早记载。后来才推广到民间，唐代诗人张籍有"幼子始生才满月，选书知写未成人"的诗句。

做满月必须设祭享祀神祖，举办酒筵宴请亲友，其酒称为"满月酒"。

关于满月酒的由来，还有一个美丽的传说：

传说在岐山脚下住着一对年轻夫妇，而立之年喜得爱子，非常高兴。孩子生下的第二十九天，天上下着鹅毛大雪，北风呼啸，非常寒冷。孩子突然发起高热，浑身抽搐，夫妻俩吓得手足无措。他们家住在深山老林，大雪封山，也无法送孩子去看医生，不到两个时辰，孩子就死了。两口子悲痛过后，将孩子放在山上的树林里。

第二天，孩子的外婆从这里经过，忽然听到后山女儿的哭声，就连忙向女儿家赶去。不想路过树林时，一只大老虎紧紧盯着她，老婆子本来就心里急，再加上翻山越岭，早已筋疲力尽，受此惊吓，顿时眼前一黑，昏了过去。

待外婆醒过来，大老虎不见了，听到不远处有个小孩在哭。原来扔掉的孩子并没有真死，在风雪中苏醒过来，不住

■庆祝满月的花馍

啼哭，正巧一只才生了虎仔的母虎路过这里，便用自己的奶喂孩子，暖着孩子，将孩子救了过来。外婆便将孩子抱回女儿家。

女儿女婿猛然看见妈妈抱着自己的孩子，竟然不敢相信。待老人说明情况后，才觉得这是老天相助。

从此以后，为了驱邪保平安，使孩子健康成长，通常由舅舅家用黄布缝成布老虎，在孩子满月时给孩子送过去，以图喜庆吉祥。喝满月酒保佑婴儿平安健康成长。

■精美的满月虎

"弥月之喜"具体礼俗各地尽不相同。在山西境内，从南到北过满月的做法比较普遍。一般情况是由亲朋好友给孩子带上礼品，到家里做客，吃一顿"满月宴"，然后离去。给孩子所带礼品，有小儿衣物、食品，或是小银锁和留点零花钱，但饭是一定要吃。

广东惠州行满月礼，最普遍的叫法是"做出月酒"，这是一种在惠州民间甚为流行的礼俗。做出月酒要请亲朋。主家一般事前便开始筹划准备酒席、准备礼品，外婆须备上小孩的"出生帽"、衣服、铺盖，还要蒸好大红发糕等送至女儿家。主家亦要准备祭祀祖公的祭物。

在惠州当地风俗中，月内的婴孩是不"见众"

张籍（约767年—约830年），唐朝诗人，字文昌。其乐府诗与王建齐名，并称"张王乐府"，著名诗篇有《塞下曲》《征妇怨》《采莲曲》《江南曲》。张籍的五律，不事藻饰，不假雕琢，于平易流畅之中见委婉深挚之致，对晚唐五律影响较大。

筜 竹器,大多是方底圆口。制作较细致。大的口侧有两耳,常用来盛米谷等物,可容一斛;小的可用来淘米。宋代范成大《雪中闻墙外鬻鱼菜者求售之声甚苦有感》之一:"饭筜驱出敢偷闲,雪胫冰须惯忍寒。"金元好问《学东坡移居》诗之四:"儿啼饭筜空,坚阵为屡却。"

■ 古代理发工具

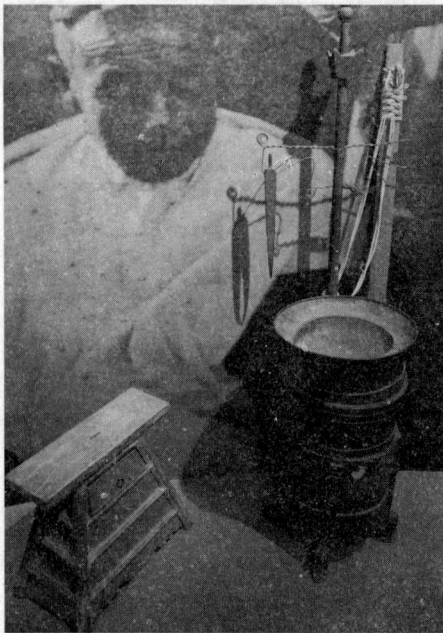

的,原因是月中有诸多禁忌。月后,禁忌减少,因而也就可以见众了。

满月礼中,"见众"也是一项重要的礼仪。小孩一抱出来,自然会引起人们的围观,围观之中,有趣的是惠州的风俗,小孩出生后,十分忌讳人说"漂亮""长得好"之类的"好话",客人对婴孩需"丑话"连篇。

满月礼的仪式中,最重要的一项内容就是为婴儿剃"满月头"。其仪式严肃而隆重,但各地对执剪者要求不一。

浙江绍兴是请剃头师傅剪发,剪前先将一把嚼碎的茶叶抹到小儿头上,说是日后不生疮,长出的黑发如茶树般浓密。剃头时,小儿由祖父或亲友中有福分的抱在怀里。抱小儿者脚下须踩着用红布或红纸包着的葱、芸豆、斧子,待剃发毕由小儿父亲将葱、芸豆种入地中,取聪、运、福之意。另葱和芸豆的生命力极其旺盛,亦寓意小儿可健康成长。

满月头发型,一般是在头顶留一小圆圈头发,其余剃光;也有的在脑后留一小块铜钱大的头发不剃,称"孝顺毛"。有的地方还盛行给孩子剃阴阳头,阴阳界两不管的地方,阎王爷容易忽视。

山东青岛"过满月"时给婴儿理发，俗称"铰头"。铰头要在上午进行，请族中未婚姑娘在婴儿头上自下而上铰三圈，铰下的胎毛用一张面箩接住，再用红布包好，缝在婴儿的枕头里。铰头时须有舅舅在场，如舅舅不在，则在小孩身旁放一个蒜臼，谐音"舅"，代替舅舅参加。下午，由舅舅抱回去住，叫"搬满月"。

古代儿童蜡像

安徽徽州，在婴儿满月时剃胎发。剃毕，取熟鸡蛋去壳，在婴儿头顶上滚动数下，据说是为解除胎气。

落下的胎发不能随便处置，杭州习惯挂在堂屋高处，有的挂在床檐正中。落发后，还要设案祭神，给小儿穿戴一新，抱其走街串户，叫"兜喜神圈"。

阅读链接

在福建泉州有旧时习俗，婴孩满月时，认贫困多子女的亲朋邻里、甚至是品行端正并有家属者的乞丐为干爹娘，干娘多姓刘，"刘"者"留"也；希望分享他们的福根，使婴孩顺利成长。这大概是人们认为婴孩有如花草，娇贵者难养、"臭贱"者易活。

干爹娘一般要于满月时送给干儿子木饭碗、木匙、长命锁以及衣、帽等生活用品。如干爹娘是乞丐，所送礼物则主要是一个草编的微型乞丐行乞的标志"加志"，用来装纳碗筷、钱物的草袋，给婴孩挂上，就可以像干爹娘那样"贱命少病"。

穿戴百家衣与锁的百日礼

古人一直将"百"视为最吉祥的数字，因为百往往象征着圆满和完成。因此，孩子在出生满100天时，人们要举行庆祝祝福的百日礼。它是介于满月礼和周岁礼之间的一个重要礼仪，又称百岁、百禄。

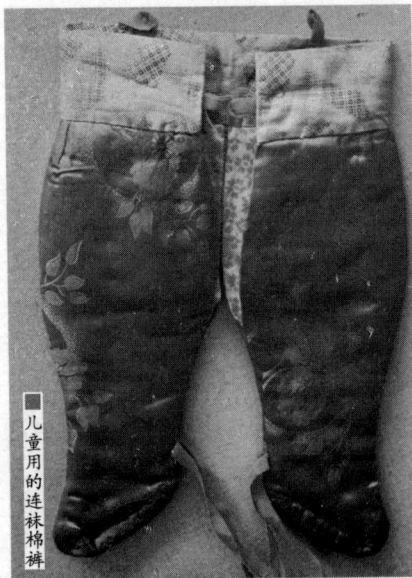

民间一般都会在此日举行各种仪式庆祝。四川自贡地区在婴儿满百天时，由福寿双全的老人以酒肉抹婴儿口，称为"开荤"。

山东青岛地区，婴儿出生100天的称"百岁"，亲戚朋友前往庆贺，礼物多为小儿衣物，平度、莱西都有"姑家的裤子，姨家的袄，妗子家的花鞋穿到老"的俗谚。莱西等地送的贺礼中还要有一对用白面做的小老虎。

儿童用的连袜棉裤

在胶州，这天上午要在一棵柳树下举行婴儿穿新衣仪式，柳树旁放一个量粮食的斗，斗前放一个盛新衣的筛子，由姑姑或姨姨给婴儿穿上新衣后，将婴儿抱到斗上摇几摇，"依着柳坐着斗，小孩活到九十九"。随后，由姑或姨抱着绕全村走一圈。

■儿童绣花棉袄

因为是百日礼，所以这一天的活动都要在百字上做文章，因而在众多的礼物中最有讲究的就是百家衣和百家锁了。

百家衣，是在婴儿百天时给他穿的衣服。所谓百家衣并不是字面意思上的100件衣服，而是由100个家庭贡献出的布片做成，故名百家衣。

百家衣，在各地不同层次的人群之间，有不同的叫法，诸如百衲衣、百岁衣、和尚衣、破衲衣、补衲衣、百福衣，等等。

在古代，家里添丁都是一件值得庆贺的事情，特别是对于那些世代单传的家庭来说，尤其重视新生儿。因此在孩子百日这天，孩子的爷爷、奶奶会向百家邻里亲朋去乞求布块。其中最爱向姓"刘""陈""程"的人家要布块，因为在老人们看来，这和"留""成"谐音，都是吉利的姓氏，对于保佑孩子成长有着举足轻重的作用。所以这些人家的一小块布头或是一方旧布片，老人们也会珍重地留下来。

美好寄托

诞生礼俗

妗子 民间的一种称呼，意思是舅母。广泛流传于陕西、河南、山东、安徽、河北、山西、甘肃等地。辽宁西部部分地区也有使用妗子称呼舅母的。北京一些地区也有在用，如平谷地区。

儿童绣花帽

《风俗通》即《风俗通义》，是东汉泰山太守应劭所著。该书考论典礼类《白虎通》，纠正流俗类《论衡》，书中记录了大量的神话逸闻，但作者加上了自己的评议，从而成为研究古代风俗和鬼神崇拜的重要文献。

此外，布块也是五颜六色的，但在各种颜色中紫色和蓝色最为贵重，也是最难找到。这是因为"紫"与"子"谐音，人们一般不愿意把子送给别人家；"蓝"谐音"拦"，只要有蓝色的布块，妖魔鬼怪就收不走孩子。因此，大多数人家都会把这两种颜色的布块留给自己家的孩子用。

百家衣除了讲究做法以外，它的象征意义也是非常重要的。在百日里给孩子穿百家衣，是因为父母期望孩子能够健康、平安地成长，这就需要借大家的福气，而穿上百家衣就可以保佑孩子顺利长大，长命百岁。

百家锁也叫长命锁，挂在婴儿脖子上。关于佩长命锁的习俗，最早可追溯到汉代。据《荆楚岁时记》《风俗通》《岁时广记》以及《留青日札》等书的记载：在汉代，每逢五月初五端午节，家家户户都在门楣上悬挂五色丝绳，以避不祥。

到了魏晋南北朝时期，因为连年的战争加之瘟疫、灾荒的肆虐，人民颠沛流离居无定所，所以渴望安定和平的幸福生活，就用五色丝绳编成绳索，让妇女和儿童戴在手腕上，以祈求能够驱邪避灾、福寿延年。这种五色丝绳就被称为"长命缕"。

到了宋代的时候，就用五色丝绳来编结，将其称为"彩线结"，不仅妇女儿童可以佩戴，男子也可以佩戴。直至明代，风俗发生了变化，大人已经很少使用，通常都用于孩子，作为他们的一种项饰。

明清时期，银制"百家锁"作为一种饰物在民间极为流行，其主要功能是消灾、辟邪，保佑孩子长命百岁，被人称为"长命锁"。

当时的老百姓为了子女安康，为给孩子佩戴一把"百家锁"，得挨家挨户上门乞讨，每家乞得一文银钱，之后用这百文银钱制作成一把长命锁，挂在子女脖子上，或系于臂上。一把百家锁，体现了为人父母对子女的深深爱意。

百日礼仪中，还要由父亲命名，并十分郑重地举行命名仪式。据《礼记》记载，命名当天，全家男女都要早早起来，沐浴更衣，准备饮食。母亲抱婴儿出房后，父亲执着婴儿右手为其命名。然后将孩子交给保姆，保姆把名告诉诸妇诸母，再告诉管家，由管家告诉其他男人。接着，详细记下孩子诞生于某年某月某日，并转告闾史。

闾史将孩子的姓名以及出生日期书写两份，一份存于闾府，一份则上交州府收藏。命名的仪式表示家族及社会增加了一位新的成员。从此，幼儿便有了自己的称号。

《礼记》是战国至秦汉年间儒家学者解释说明经书《仪礼》的文章选集，又叫《小戴礼记》。与《周礼》《仪礼》合称"三礼"。是研究我国古代社会情况、典章制度和儒家思想的重要著作。

■长命百岁锁

至于所命之名，最初常体现对自然万物的崇拜，如天寿、天威、天泽等。后来多在名中含有长辈的祝愿，如祥子、福子、如意等。通常男子用名多为福、禄、寿、喜，富、贵、财、康，德、才、仁、文、士、杰、世、光等。

女子用名则有一首《女子起名歌》很具代表性：

> 凤莲巧女俊，媛娟娇妹嬅。
>
> 玉兰桂花香，玲珊瑞珠珍。
>
> 芙蓉莉芝萍，鸾凤春秋清。
>
> 双姬娥妍娣，英芳芬翠芹。
>
> 素梅淑慧敏，秀华惠月琴。
>
> 彩霞云景红，美丽昭君贞。

此外，一般男孩子命名还要排辈分，即同辈堂兄弟的名字都要嵌一个相同的字，这样就可使其长幼次序一目了然。

阅读链接

明清时期的百家锁主要有瑞兽百家锁和麒麟百家锁。瑞兽百家锁，瑞兽叶形耳，乳眼突出，口开露齿，双手紧抱八卦图，四肢粗壮矮短，形态逼真，瑞兽身上还细刻梅花。梅花志存高远，瑞兽辟邪还瑞，可见工匠深厚的文化功底和精湛的技法。麒麟百家锁，麒麟与凤、龟、龙合称"四灵"象征祥瑞，古代称之仁兽。它所具有的生命力和勇往直前的气势，正是百姓对孩童的期望。

百家锁中还常见蝙蝠图。因"蝠"与"福"谐音，蝙蝠象征幸福。还有在百家锁刻上宗教图案"八吉祥"和八宝等。

预测宝宝前途的抓周礼

到了幼儿周岁，父母为了预测其将来的志向及爱好，则有"抓周"的礼俗。抓周，又称拭儿、拈周。这种习俗，在民间流传已久，它是第一个生日纪念日的庆祝方式。关于抓周礼的由来，有两种不同的传说。其一，据《左传》载，楚共王无嫡子，想在五个受宠爱的庶子中选嗣，于是以一块玉璧遍示名山大川，然后将此璧秘密埋在祖庙的庭院里，让五庶子依长幼次第进庙拜跪祖先，谁正好压在埋玉璧的位置上，他就是神灵所确立的王嗣。年龄最小的楚平王被抱进祖庙后，两次下拜，均压在了玉璧的璧纽上。但楚共王最终把下跪时两足各跨玉璧一边的长子立为太子。

其二，相传三国时吴主孙权称

戴长命锁的儿童塑像

简册 是我国古代用于书写的材料，多用竹或木制成。简是狭长竹木片，若将简编连起来就成册。可分简、牍、觚、检、楬。内容十分广泛，包括官方的文书档案、私人信件、书籍抄件、历谱及专为随葬用的遣册等。现知出土时代最早的简，为湖北随州战国早期曾侯乙墓的竹简。

帝不久，太子孙登得病而亡，孙权只能在其他儿子中选太子。孙权遂命景养择一吉日。是日诸皇子各自将儿子抱进宫来，只见景养端出一个满置珠贝、象牙、犀角等物的盘子，让小皇孙们任意抓取。众小儿或抓翡翠，或取犀角。唯有孙和之子孙皓，一手抓过简册，一手抓过绶带。孙权大喜，遂册立孙和为太子。

根据文献上有关抓周的记载，对民间这一"抓周"习俗，可上溯到南北朝时期。北齐颜之推《颜氏家训·风操》中就明确记载：

> 江南风俗，儿生一期，为制新衣，盥浴装饰，男则用弓、矢、纸、笔，女则用刀、尺、针、缕，并加饮食之物及珍宝服玩，置之儿前，观其发意所取，以验贪廉愚智，名之为试儿。

■儿童抓周盘

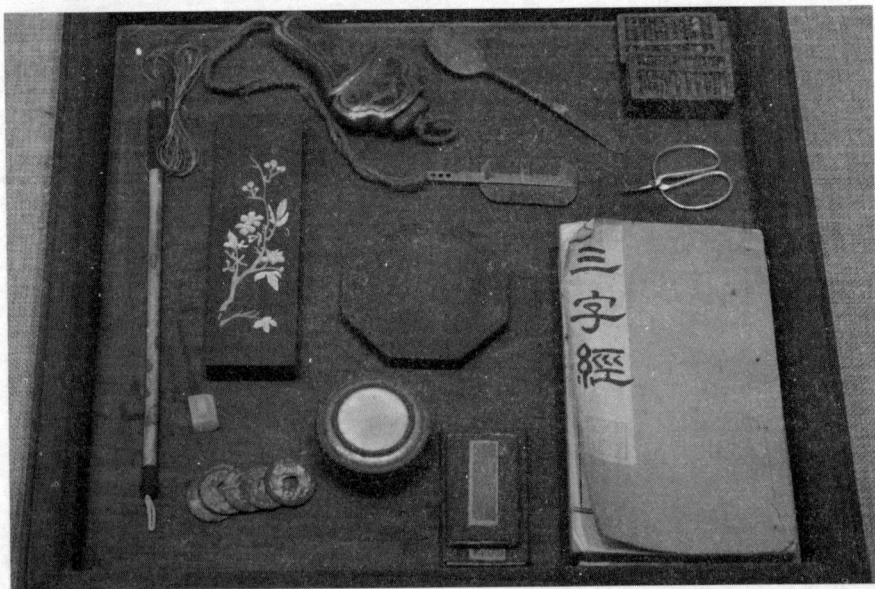

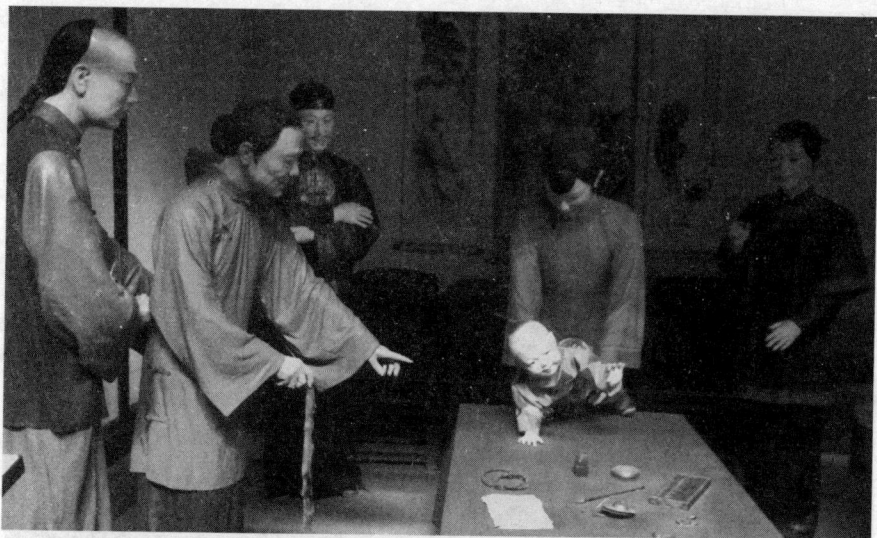

■清代儿童抓周蜡像

　　到了唐宋时期，这一风俗在全国各地逐渐盛行开来，谓之"试晬"或"周晬"。如武则天曾将皇孙都召集到大殿上，看他们嬉戏，"取西国所贡玉环钏杯盘，列于前后，纵令争取，以观其志。"据说唐高宗幼年时，"将戏弄笔，左右试置纸于前，乃乱画满纸，角边画处，成草书'敕'字"。

　　唐代的法振在《赵使君生子晬日》描写当时"拈周试晬"的情形：

毛骨贵天生，肌肤片玉明。

见人空解笑，弄物不知名。

国器嗟犹小，门风望益清。

抱来芳树下，时引凤雏声。

　　宋时，"试儿"风俗更是盛行，人们对此笃信不疑。当时的曹彬在"抓周"时有"印取戈提"的传

颜之推（531年—约595年），我国古代文学家、教育家。著有《颜氏家训》，在家庭教育发展史上有重要的影响，是北朝后期重要散文作品；《北齐书》本传所载《观我生赋》，亦为赋作名篇。

■抓周艺术泥人

闻，后来果以武功挂印，曾任节度使、检校太师、枢密使、鲁国公等职衔。《宋史·曹彬传》载曰：

> 彬始生周岁，父母以百玩之具列于席，观其所取。彬左手持干戈，右手取俎豆，斯须取一印，他无所试，人皆疑之。

元代和明代，此习俗更加盛行，被称之为"期扬"。到了清代，才有"抓周""试周"之称。《儿女英雄传》就记载了抓周趣事：

> 这年正是你的周岁，我去给你父母道喜。那日你家父母在炕上摆了许多的针线刀尺、脂粉钗环、笔墨书籍、戥子算盘，以至金银钱物之类，又在庙上买了许多耍货，邀我进去，一同看你抓周儿。

清代皇宫抓周礼仪非同一般，所陈设物品与民间大不一样。如

《国朝宫史续编》记载：

> 抓周例用玉陈，玉扇坠二枚，金匙一
> 件，银盒一圆，犀钟一棒，文房一件，果筵
> 一席，内宫殿监奏交内务府预备。

清末，北京民间仍然盛行这种"抓周儿"礼。虽然，小儿周岁并不搭棚办酒席，也不下帖请客，但凡近亲们都不约而同地循例往贺，聚会一番。一般不送如贺幛、金银首饰等大礼，仅是给小孩买些糕点食物或玩具。另外，在习惯上，凡与小孩初见的长辈们，都用一挂白线，拴上钱币，给小儿套在脖子上，谓之"挂线"。

"抓周儿"的仪式一般都在吃中午那顿"长寿面"之前进行。讲究一些的富户都要在床或炕前陈设大案，上摆：印章，儒、释、道三教的经书，笔、墨、纸、砚、算盘、钱币、账册、首饰、花朵、胭脂、吃食、玩具；如是女孩"抓周儿"，还要加摆铲子、勺子、剪子、尺子、绣线、花样子等等。

一般人家，限于经济条件，多予简化，仅用一铜茶盘，内放私塾启蒙课本《三字经》或《千字文》一本，毛笔一支、算盘一个、烧饼

美好寄托
诞生礼俗

算盘 曾作祘盘，是汉族人民发明创造的一种简便的计算工具，由古代的"筹算"演变而来。15世纪中期，《鲁班木经》中有制造算盘的规格。由于算盘普及，论述算盘的著作也随之产生，流行最久的珠算书是1593年明代程大位所辑的《算法统宗》。

■古代抓周油画

油果一套。女孩加摆铲子、剪子、尺子各一把。

摆好陈设之物，由大人将小孩抱来，令其端坐，不予任何诱导，任其挑选，视其先抓何物，后抓何物，以此来测卜其志趣、前途和将要从事的职业。

如果小孩先抓了印章，则谓长大以后，必乘天恩祖德，官运亨通；如果先抓了文具，则谓长大以后好学，必有一笔锦绣文章，终能三元及第；如是小孩先抓算盘，则谓将来长大善于理财，必成陶朱事业。如是女孩先抓剪、尺之类的缝纫用具或铲子、勺子之类的炊事用具，则谓长大善于料理家务。反之，小孩先抓了吃食、玩具，也不能当场就斥之为"好吃""贪玩"，也要被说成"孩子长大之后，必有口道福儿，善于'及时行乐'"。

总之，长辈们对小孩的前途寄予厚望，在一周岁之际，对小孩祝愿一番而已。

人生处世与礼俗文化

阅读链接

在湖南，周岁生日宴席上的菜注重"十"，须配以长寿面，菜名多为"长命百岁""富贵康宁"之意，要求吉庆、风光。周岁席后诞生礼结束。

福建泉州旧俗将婴儿周岁称为"度晬"，是自婴儿出生后最为隆重的一个喜庆日子。是日要敬神祀祖，设筵请客，主人还要特别印制以糯米或面粉为原料的"度晬龟"或"四脚龟"馈送亲友，祈望婴儿能像善爬的龟那样，较快地开步走路，又像龟那样健康长寿。外婆家于外孙或外孙女周岁时所送的礼品甚为丰厚，有衣、帽、鞋、袜、披风、童被、布料，以及八卦项链、长命锁链、手镯、脚环等金银饰品，其中缀绣的"度晬裘"和虎头图案的虎耳帽、虎仔鞋，颇有特色，寓有避邪、吉庆、长寿之意。

冠婚礼俗指的是成年礼和婚礼。成年礼又叫成丁礼或冠礼，是为承认年轻人具有进入社会的能力和资格而举行的人生仪礼。古代男子的冠礼和女子的笄礼，是他们人生礼仪中最为重要并具有多重特性的礼仪，具有普遍的文化意义。

我国各民族的婚礼习俗丰富多彩，不同地区和不同民族的婚俗表现形式各异。婚礼习俗中包括了纳彩、辞亲、迎亲、拜堂、入洞房、回门等许多婚礼程序。其意义在于获取社会的承认和祝福，也是一个人一生中重要的里程碑。

幸福美满

人生礼俗

北乡嫁女

哭嫁

宾为男子三加冠的冠礼

　　冠礼是华夏民族嘉礼的一种，是我国古代汉族男性的成年礼。冠礼起源于原始社会，已有几千年的历史。远古氏族社会时代，曾流行过一种"成丁礼"。后来，经过周公的"制礼作乐"，成丁礼发展演变成为冠礼，在周代通行数百年。《国语》《左传》和《史记》中都不乏周代天子、诸侯行冠礼的记载。

　　周代天子、诸侯、大夫等阶层的冠礼各有不同，天子冠礼年龄，

■青玉七梁发冠

古籍说法不一，有12岁、15岁、19岁等。汉代极重冠礼，《后汉书·儒林列传》载，周防年16，仕郡小吏。有一次天子巡狩汝南，召掾史试经，见周防尤能诵读，欲拜为守丞。而周防由于未冠，不能从命。

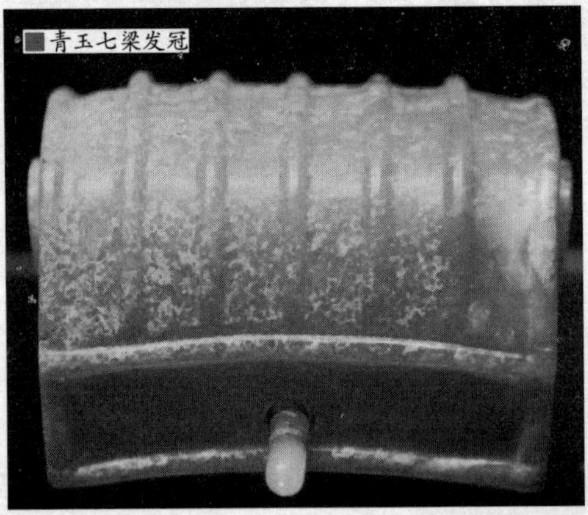

　　魏晋时期也重冠礼，皇帝

的冠礼在正殿举行，并且开始以乐伴奏。南北朝时，冠礼一度废而不行。隋唐恢复了汉家礼仪，唐天子、皇太子、亲王、品官等，都制定了各种等级的冠礼，不过实行的并不是很多。经过汉后数百年的冲击，冠礼衰弱之势明显。

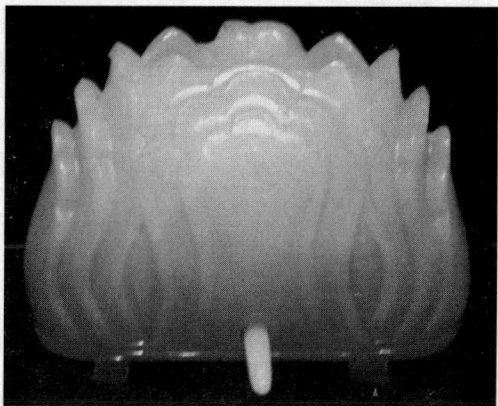

■白玉莲瓣纹发冠

柳宗元在《答韦中立论师道书》中谈到，"冠礼，数百年来人不复行"，说当时有一位名叫孙昌引的人，"独发愤行之"，冠礼毕，仿当年赵文子见栾书等的故事，次日上朝，希望众卿士能对他有所教导。到外廷后，孙氏荐笏对卿士说："某子冠毕。"不料众卿士莫名其妙，京兆尹郑叔则怫然曳笏却立说："这与我有何相干？"文武大臣哄堂大笑。

宋代的一些士大夫痛感佛教文化是对大众的强烈冲击，主张要在全社会复兴冠、婚、丧、祭等礼仪，以此弘扬儒家文化传统。

司马光痛心疾首地说：

> 冠礼之废久矣。近世以来，人情尤为轻薄，生子犹饮乳。已加巾帽，有官者或为之制公服而弄之。过十岁犹总角者盖鲜矣。彼责以四者之行，岂能知之？故往往自幼至长，愚骏如一，由不知成人之道故也。

司马光（1019年—1086年），字君实，号迂叟，陕州夏县今山西夏县人，世称涑水先生。北宋政治家、文学家、史学家。卒赠太师、温国公，谥"文正"。他主持编纂我国历史上第一部编年体通史《资治通鉴》。著有《稽古录》《涑水记闻》《潜虚》等。

人生遵俗

人生处世与礼俗文化

■古代鎏金银冠

为此，司马光在其《书仪》中，制定了冠礼的仪式：男子年12岁至20岁，只要父母没有期以上之丧，就可以行冠礼。为了顺应时变，司马光将《仪礼·士冠礼》加以简化，使之易于为大众掌握。此外，还根据当时的生活习俗，将三加之冠作了变通：初加巾，次加帽，三加幞头。

《朱子家礼》沿用了司马光《书仪》的主要仪节，但将冠年规定为男子年15至20岁，并从学识方面提出了相应的要求：

> 若敦厚好古之君子，俟其子年十五以上，能通《孝经》《论语》，粗知礼义之方，然后冠之斯其美矣。

宋代的士大夫还在冠礼的年龄问题上发生了分歧和争论。有人援引《左传》中"鲁襄公十二而冠"的记载，主张将冠礼年龄提前到12岁，理学家程颐坚决反对。他说，"此不可。冠所以责成人，十二年非可责之时。"所以，"虽天子诸侯，亦必二十而冠。"

元人主中原后，史载，"元之五礼，皆以国俗行之，惟祭祀稍稽诸古"。宫廷没有冠礼，而民间仍有保存。

明代迅速恢复了被破坏的

华夏礼仪制度，冠礼实现了第二次复兴。明洪武初年诏定冠礼，从皇帝、皇太子、皇子、品官，下及庶人，都制定了冠礼的仪文，总的来看，明代冠礼比较盛行。

清入主中原后，清政府颁定的礼仪制度发生很大变化，虽然还有五礼的名目，但长期作为"嘉礼之重者"的冠礼不再出现在"嘉礼"的细目之中。之后，冠礼这一宝贵的民族文化遗产被发掘，开始悄然复兴。

冠礼的仪式，以"筮日"为始，即在宗庙中用蓍草筮问举行冠礼的吉日，并且在父兄的僚友之中挑选一位德高俊贤者为主持加冠的"宾"。然后，冠者父兄要一再登门敦请，直到宾答应为止。

冠礼的主体部分，是由正宾依次将缁布冠、皮弁、爵弁等三种冠加于将冠者之首。加冠之前，三种冠分放在三个竹器中，由三位有司捧着，从西阶的第二个台阶依次往下站立。

加冠者在堂上有专门的席位，其位置因身份的不同而不同。嫡长子的席位设在阼阶之上，庶子的席位在堂北偏东的地方。堂的面向都朝南，堂前有东、西二阶，东阶供主人上下堂专用，所以称为主阶，也叫阼阶；西阶供来宾上下堂，所以称为宾阶。

加冠之前，先由赞者为冠者梳头，再用帛将头发

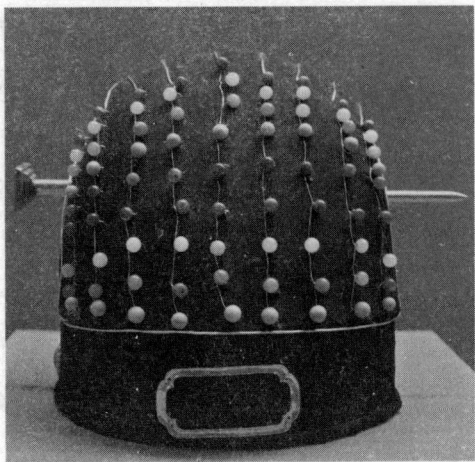

■皮弁冠

《论语》是儒家的经典著作之一，由孔子的弟子及其再传弟子编撰而成。它以语录体和对话文体为主，记录了孔子及其弟子言行，集中体现了孔子的政治主张、伦理思想、道德观念及教育原则等。《论语》成书于战国初期，全书一共20卷，11705个汉字，可谓汉语文章的典范。

■古代男子画像

人生遵俗

人生处世与礼俗文化

帛 我国战国以前称丝织物为帛。战国时就已经有生丝织成的"帛"。单根生丝织物为"缯"，双根为"缣"，"绢"为更粗的生丝织成。据考古资料，在殷周古墓中就发现丝帛的残迹，可见那个时候的丝织技术就相当发达。

包好，做好了一切准备。为了表示洁净，正宾都要先到西阶下洗手，然后才上堂来到将冠者的席前坐下，亲手将冠者头上包发的帛扶正，然后起身，从西阶走下一级台阶，从有司手中接过缁布冠，走到将冠者席前，先端正其容仪，然后致祝辞说：

令月吉日，始加元服。弃尔幼志，顺尔成德，寿考惟祺，介尔景福。

祝毕，正宾亲手为他戴上缁布冠。接着由助手为冠者系好冠缨。冠者进房，脱去采衣，换上与缁布冠配套的玄端服出房，面朝南，向来宾展示。

再加、三加之礼的仪节与此基本相同，只是第二次加冠时，正宾要从西阶走下两级台阶；第三次加冠时要走下三级台阶，因为捧持皮弁和爵弁的有司站在不同的位置。

此外，每次加冠的祝辞略有变化，但意思相同，无非是勉励加冠者抛弃幼小嬉戏惰慢之心，而树立进德修业之志。祝辞之后，冠者都要应答。每次加冠之后，冠者都要进房换上相应的服装，然后出房，向来宾展示。

三加之礼完成后，举行醴冠者的仪式。冠者的席位在堂上的室门之西，正宾向冠者敬醴酒，并致祝辞。冠者按照规定的礼节饮酒，然后起身离席，为冠礼圆满完成而拜谢正宾，正宾答拜还礼。

冠礼完毕，冠者要拜见有关的尊长。先从西阶下堂，折而东行，出廷院的东墙，面朝北，拜见在这里等候的母亲，并献上干肉，以表敬意。母亲拜受后准备离去，冠者拜送，母亲又拜。

在这一过程中，作为儿子的冠者只对母亲拜一次，而母亲却拜了两次，这是上古时代妇人对成年男子的拜法，称为"侠拜"。冠者又去见站在堂下的亲戚。亲戚向冠者行再拜之礼，冠者答拜还礼。然后出庙门、进寝门，去见姑姑和姐姐，仪节与见母亲一样。

冠者拜会尊长完毕，主人用醴酒酬谢正宾，用的是一献之礼。所谓"一献之礼"，包括献、酢、酬，即主人先向宾敬酒，宾用酒回敬主人，主人先自饮、然后斟酒再敬主人。为了表示对正宾的感谢，主人以五匹帛和两张鹿皮相赠。

冠礼至此结束，正宾告辞，主人送到门外，再拜，并派人将盛有牲肉的礼俎送到正宾的家中。

阅读链接

汉代皇帝冠礼称加元服，汉惠帝行冠礼，宣布"赦天下"，开帝王行冠礼而大赦天下之始。汉昭帝加冠，大加赏赐、减免税赋、普天同庆。

为了与臣下的冠礼相区别，汉昭帝的冠礼还专门撰作了冠辞。据《博物记》所记，其冠辞为："陛下摛显先帝之光耀，以承皇天之嘉禄，钦奉仲春之吉辰，普尊大道之邦域，秉率百福之休灵，始加昭明之元服，推远冲孺之幼志，蕴积文武之就德，肃勤高祖之清庙，六合之内，靡不蒙德，永永与天无极。"这是后世帝王另撰冠辞之始。

女子到了成年的笄礼

古代男子有冠礼，女子则有笄礼。笄礼，俗称"上头""上头礼"，即汉民族女孩成人礼，古代嘉礼的一种。自周代起，规定贵族女子在订婚许嫁以后、出嫁之前行笄礼。《礼记·曲礼》说："女子许嫁，笄而字。"可见，女子是在许嫁之后举行笄礼、取表字。

笄礼的年龄小于冠礼，《礼记·杂记》说："女子十有五年许

正在梳妆头发的古代少女

嫁，笄而字。"如果女子迟迟没有许嫁，则可以变通处理，《礼记·内则》郑玄注说："其未许嫁，二十则笄。"

到了宋代，女子许嫁，即可行笄礼，如果年已十五，即使没有许嫁，也可以行笄礼。为此，儒家学者构拟了士庶女子的笄礼，理学家朱熹的《朱子家礼·笄礼》有专门的仪式。笄礼由母亲担任主人。笄礼前三日戒宾，前一日宿宾，宾选择亲姻妇女中贤而有礼者担任。

宋代公主的笄礼，在《宋史》中有提及，皇帝亲临于内殿，估计是仿照庶子冠礼制作的。不过主持人用女性，负责加笄者是女宾。

宋代的公主笄礼较为典型，据《宋史·礼志》记载：笄礼在宫中殿庭举行，皇帝亲临。笄礼始加冠笄，再加冠朵，三加九翚四凤冠。

祝辞和取字之辞也都套用男子冠礼。取字后，公主拜见君父，聆听训辞："事亲以孝，接下以慈。和柔正顺，恭俭谦仪。不溢不骄，毋诐毋欺。古训是式，尔其守之。"

公主再拜，向父皇保证道："儿虽不敏，敢不祗承！"之后，公主去见母后。最后，公主回到座位上就座，接受皇后、妃嫔和参加典礼的掌冠、赞冠官等的祝贺。

女子行笄礼，古代多称"上头"。梁简文帝萧纲《和人渡水》诗："婉婉新上头，湔裾出乐游。"唐

儒家 又称儒学、儒家学说，是我国古代最有影响的思想学派。最初指的是冠婚丧祭时的司仪，自春秋起指由孔子创立的后来逐步发展到以仁为核心的思想体系。其学派提倡"忠恕"和"中庸"之道，主张"德治"和"仁政"，重视伦理关系。

■ 贵族少女画像

人生遵俗

人生处世与礼俗文化

李何《观妓》诗："向晚小乘游，朝来新上头。"又花蕊夫人《宫词》诗云："年初十五最风流，新赐云鬟便上头。"这些诗句中的"上头"，均为女子参加笄礼。宋代，女子上头多安排在清明前两日举行。吴自牧《梦粱录》记：

> 清明交三日，节前两日谓之寒食……凡官民不论小大家，子女未冠笄者，以此日上头。

至明代，笄礼即废而不用，但其影响却并未消逝。在民间，笄礼逐渐消泯或与婚礼合并，使婚礼有了成年礼仪的涵义，女子出阁时理妆被称为"上头"，且"修眉""开脸"都是婚典前的理妆，都标示了成年这一意思。而大婚之礼本身就宣告了当事者的成人。

作为婚礼的一部分，笄礼迟则在嫁娶之日，早则在婚前一两日进行，多是请年轻有全福之妇人为其梳成年发髻，梳妆上头。但许多农村女子婚嫁时保留些许笄礼遗风，将头发挽束成髻，用簪子固定，与婚前发式明显不同。

受汉族古"冠笄礼"的影响，朝鲜族男子行"三

皇帝 秦王嬴政统一中国之后，认为自己"德兼三皇、功盖五帝"，创立"皇帝"一词作为华夏最高统治者的正式称号。嬴政成为我国第一位"皇帝"，史称"始皇帝"。从此"皇帝"取代了"帝"与"王"，成为2000多年来我国封建社会最高执政者的称呼。

加礼"，同冠礼，女子成年礼同样也称为"笄礼"，盘发插簪。后来汉族女子已不专门举行成年礼了，一些少数民族却保留着形式不同的女子成年礼，如藏族的"上头"，瑶族的"包头帕""牛达"礼，彝族的"换裙礼"，纳西族、普米族的"穿裙子礼"，等等。

汉族原始的笄礼已不复存在，但汉语言中仍有"待字""不字""字人"的词语留存，这虽然是女子年龄的别称，"待字"即待嫁之意；"不字"即未有许嫁之意；"字人"即许配有人之意，但取义仍在笄礼的"取表字"，可以看作是未成年与成年的同义语。看来，这发笄插上没有，是怎样插上的，对女子至关重要。

阅读链接

和许多少数民族一样，彝族女孩也有"成人礼"，"换童裙"。彝族女孩"换童裙"的年龄，因人而异，大多在13岁到17岁之间，"换童裙"的岁数和结婚的岁数一样，为单数，双数则不可取。具体岁数由其母亲掌握，主要是根据女孩身心的成熟度而定；具体日子必须请老年人推算抉择，定为某一吉日佳期。

"换童裙"的仪式神圣、庄重、甜蜜而又浪漫，仪式一般由母亲或年长的妇女主持，由表姐或堂姐为其梳头换裙。她们要为这位姑娘扯颜开脸，把独辫梳成双辫，将挂在耳垂上的穿耳线扯下来，换上银光闪闪的新耳坠，再给衣领挂上银牌，最后再把红、白两色的童裙换成黑蓝色的百褶长裙。仪式结束后，姑娘即可逛街、赶场、观看马赛，同男女青年一起对歌、跳舞了。彝族人称"换童裙"是一场"不见新郎的婚礼"。

说媒传统礼俗的纳彩

■古代红娘蜡像

我国婚礼习俗源远流长，民族色彩浓郁。早在春秋战国时期即已形成一套完整的礼仪，即"纳彩""问名""纳吉""纳征""请期""亲迎"等，称之为"六礼"。

"纳彩"，俗称"说媒"，是我国传统婚姻礼俗程序中的第一个步骤，即男家请媒人向女家提亲。

俗语说："天上无云不下雨，地上无媒不成亲。"男女双方一般都要经媒人从中说合，才能"结丝罗"，"谐秦晋"，"结连理"，"通二姓之好"。《诗经》卫风中所说"匪我愆期，子无良媒"，即指此。

在我国，最早的媒人是神话传说中的女娲。据《路史后纪二》记载："以其载媒，是以后世有国，是祀为皋禖之神。"《风俗通》曰："女娲祷祠神，祈而为女媒，因置昏姻。"《周礼》《吕氏春秋》诸书中，也都记载上古时于仲春之月设太牢祭礼皋禖的仪式。

汉代女子塑像

另外，周代还设有官媒，专司判合之事。据《周礼·地官》记载：

> 媒氏掌万民之判。凡男女自成名以上，皆书年月日名焉。令男三十而娶，女二十而嫁。凡娶判妻入子者，书之。中春之月，令会男女于是时也，奔者不禁。司男女之无夫家者会之。

《诗经·豳风·伐柯》中谓：

> 伐柯伐柯，匪斧不克。
> 取妻如何？匪媒不得。

因此，后世又称媒人为"伐柯人"，称提亲为"伐柯"，称做媒为"执柯"。宋人吴自牧《梦粱录》"嫁娶"条载："其伐柯人两家通报，择日过帖。"即指媒人说亲。

古时，还称媒人为"冰人"或"大冰"。传说晋代令狐策梦见自己立于冰上，与冰下人语。醒后使占梦者卜，占梦者曰："冰上为

■莺莺传插图

阳，冰下为阴，阴阳事也。诗曰：'士如归妻，迨冰未泮'，婚姻之事也。君在冰上，于冰下人语，为阳语阴，媒介事也。君当为作媒，冰泮而婚成。"后世遂称给人做媒为"作冰"。

汉代以后，凡男女婚姻，均须"父母之命，媒妁之言"。如果"不待父母之命，媒妁之言，钻穴隙相窥，则父母国人皆贱之"。媒人遂成为男女婚姻过程中必不可少的中间人。如乐府民歌《古诗为焦仲卿妻作》："阿母白媒人，贫贱有此女，始适还家门。"

唐代，民间神话中又出现了专司婚姻之神，即月下老人。据唐李复言《续玄怪录·定婚店》记载：唐代韦固年青时路过宋城，见一老人在月光下倚囊而坐，手里在翻一本书。韦固问他是什么书，他说是天下人的婚姻簿；又问囊中是什么东西，他说是赤绳，专门拴系夫妇两人的脚的。因此，后世又称媒人为"月下老人"，或简称"月老"。

元代王实甫在唐代元稹《莺莺传》的基础上，创作了元杂剧《西厢记》，剧中极力撮合张生、莺莺成其好事的丫鬟红娘，因其活泼伶俐和助人为乐，受到世人的喜爱。后人因又称媒人为"红娘"。

明清时期又有"媒婆"一词，亦用以指称媒人。

乐府 本是汉武帝设立的音乐机构，用来训练乐工，制定乐谱和采集歌词。后来，"乐府"成为一种带有音乐性的诗体名称。保存的汉乐府民歌56首，发展了五言体、七言体及长短句等，并多以叙事为主，塑造了具有一定性格的人物形象。

但因为媒婆能说会道，其话往往名不副实，所以，"媒婆"一词略带贬义。明代陶宗仪《辍耕录》中所谓的"三姑六婆"，通常是指那些夸夸其谈、不务正业的女人。

后来，随着社会的进步与发展，自由恋爱兴起，仪程更趋简化，不过"纳彩"这一习俗仍有一定保留。

尽管是婚聘的第一个步骤，纳彩也是要携带礼品的。古代用雁，所以这个仪式也称作"奠雁"。纳彩用雁，有一定的讲究："雁候阴阳，待时乃举，冬南夏北，贵有其所"。纳彩用雁，实际上就等于告诉女家"男大当婚，女大当嫁"，应该像雁那样适时选择其所在。

后世纳彩的礼物大大地丰富了，有时达50多种。比如，汉代的纳彩礼物就有合欢、鸳鸯、九子蒲或墨、双石、五色丝、长命缕、蒲带、棉絮、卷柏、嘉禾、阿胶、干漆、鱼、鹿等。

纳采得到准许，也就是女家收下了礼物，接下来就是问名。问名即双方相互探问男女的姓名、年龄、生辰、籍贯、三代名号、官职等，以便双方有一个初步的了解。这一仪式，也就是通常所说的"请八字"。

民间婚庆场景

■主持民间婚庆的私媒

　　问名也要携带礼物，古礼也用雁。随着时代的变化，"六礼"简化以后，纳彩和问名便同时进行。

　　问名之后的工作，就是通过各种各样的方式考察双方缔结婚姻的可能性。这一系列活动就是合婚，后世俗称"批八字"。婚姻能否成立，这是最为要紧的一关。倘若其他方面的条件都比较相符，八字不合，也只好就此拉倒。

　　合婚得到吉相后，就要派人把结果告诉对方，并继续婚礼的步骤。这也就是纳吉的主体内容。这一仪式在唐代叫作"报婚书"；宋代叫作"过细帖"；后来则称"定亲""换贴""小定"，也就是后世所说的"订婚"。

　　纳吉以后，婚姻关系确定，双方交换的帖子类似于后世的结婚证书。此后，男女双方都要受到社会伦理的约束，婚姻的终止再不是随便的事情，而要经过双方的协商或外人的调解。同时，男方逢年过节都要给女家送礼，还要给女方四季衣服。

纳吉之事完结以后，婚姻基本缔结，接下来就该迎娶进门了。而此前的准备工作，就是请期。

所谓请期，就是男家占卜择定合婚的吉日良辰，让媒人告知女家，征求女家的同意，相当于后世的"告期""下日子"。

古礼请期用雁，后世用各种物品。请期仪式过程中，进行第二次占卜活动。大体与问名后的占卜相同，主要是选择适当的迎娶吉日、合婚良辰以及合适的迎亲、送亲之人。占卜的选择中心仍然是八字和属相。首先是选择吉日良辰，民间一般选双月双日，如二月二、四月八、六月六等。不过，嫁娶月份一定不能选男女双方的属相忌讳，迎亲、送亲也不能犯属相忌讳。

古时候的请期似乎是口头进行的，后世则口头、书面皆有，尤其是世家大族或小康的耕读人家，大多是以书面进行的，也就是所谓"下婚书"。

晚清以来，请期和过彩礼、过嫁妆基本上是前后进行的。彩礼的数量不一，有12扛、16扛、24扛、32扛，甚至更多，都是双数。男家过彩礼之后，迎娶之前，一般是前一天，有时也随新娘子一道进门，女方要过嫁妆。

阅读链接

所谓的"八字"，和我国传统的历法相关。我国古代以干支纪年、纪时，天干、地支相配组成的六十组名目及其顺序分别指代着一定的年、月、日、时。每一个人的出生年、月、日、时由四组干支相配，共有八个字，这就是"生辰八字"。

此外，古人为了便于记忆，又用十二种动物来配十二支，形成了人的十二属相。由生辰八字，一望可知其人的属相，由属相的合与不合就可以判定婚姻是否相宜。关于这方面的合与不合，民间流行有许多俗谣。

女子出阁哭嫁的辞亲礼

在婚礼过程中，请期过后，女家要为女儿"开脸""上头"。

开脸又称开面、绞面、绞脸，是去除面部的汗毛、剪齐额发和鬓角的仪式。开脸有在上轿前在女家进行，也有娶到男家后进行。开脸

■哭嫁习俗

人须是父母子女双全的妇人。开脸要选择在背人眼的地方举行，坐的方向或坐南朝北，或坐北朝南，忌坐东西向。开脸时，还边扯汗毛边念《开脸歌》予以祝贺：

> 左弹一线生贵子，右弹一线产娇男，一边三线弹得稳，
> 小姐胎胎产麒麟。眉毛扯得弯月样，状元榜眼探花郎。我们
> 今日恭喜你，恭喜贺喜你做新娘。

上头是一个非常讲究的仪式。在娶、嫁前择定吉日，一般在婚礼前三日或一日，男女在各自的家中由梳头婆梳头，一面梳，一面要大声说：

> 一梳梳到尾，二梳梳到白发齐眉，三梳梳到儿孙满地，
> 四梳梳到四条银笋尽标齐。

临近婚期，男家要给女家送"催妆礼"。所谓"催妆"，即男方

人生遵俗

人生处世与礼俗文化

■古代迎亲队伍

轿 一种靠人或畜扛、载而行，供人乘坐的交通工具，曾在东西方各国广泛流行。就其结构而言，轿子是安装在两根杠上可移动的床、坐椅、坐兜或睡椅，有蓬或无蓬。轿子最早是由车演化而来。轿子在我国大约有4000多年的历史。据史书记载，轿子的原始雏形产生于夏朝初期。因其所处时代、地区、形制的不同而有不同的名称。如肩舆、兜子、眠轿、暖轿等。

催促新娘行嫁。婚礼前二三日，男家下催妆礼，有凤冠霞帔、婚衣、镜、粉等。唐宋时还盛行以诗乐催妆，故留下许多催妆诗，对这一风俗进行了具体的描述。如唐代徐安期的《催妆诗》云：

传闻烛下调红粉，明镜台前作好春。

不须满面浑妆却，留着双眉待画人。

在汉、土家、藏、彝、壮等民族的传统婚俗中，有一项很有特色的仪式，即哭嫁，亦称"哭出嫁""哭嫁囡""哭轿"等。而其中最富特色的，可谓土家族的哭嫁和哭嫁歌。

土家族结婚年龄一般为十六七岁。婚期决定后，姑娘便始哭嫁。是否会哭，是衡量女子才智和贤德的标准。姑娘不会哭嫁，或只哭不唱、只唱不哭，或哭得不动人，都被认为才德低劣而被人瞧不起。因此，土家族女孩从懂事起就开始学"哭嫁歌"。

哭嫁时间一般是七至十天，也有长达一月的。要哭得口干舌燥、两眼红肿、如痴如醉，才算聪明能干。哭嫁期间，家族亲友都请新娘吃一顿饭，叫"送嫁饭"。哭嫁时则有亲友陪伴，互诉衷情，进行"陪哭"。男方须送"哭脸粑粑"，让参与哭嫁者分吃。哭嫁须用土家语，不能用汉语，否则会遭到长辈指责。

哭嫁内容有"哭父母""哭哥嫂""哭姐妹""哭叔伯""哭媒人""哭百客""哭扯眉毛""哭梳头""哭穿露水衣""哭辞祖宗""哭上轿"等，内容长短不一，但却很有韵律。如"哭媒人"：

> 背时媒人是条狗，那头吃了这头走。
> 娘家来吹女婿好，婆家去夸嫁妆多。
> 树上麻雀哄得来，岩上猴子骗得走。
> 豌豆开花角对角，媒人吃了烂嘴角。

■彝族传统婚房

铁树开花八寸长，媒人吃了烂大肠。

板栗开花球对球，背时媒人吃了断舌又断喉。

在"哭爹娘"中，更直接把迎亲说为"抢"：

阿捏阿爸啊，再坐两个时辰。

我就要离开你们了，人家就要把我抢走。

女儿再不是爹娘的女儿，女儿成了人家的人了。

哭声使人撕心裂胆。结婚前日下午，男方派花轿来迎娶，当晚新娘哭嫁也达到了高潮。整个村落相好的姐妹和姑嫂们都来陪着新娘哭，哭成一团。鸡叫头遍，新娘在哭唱中穿上露水衣、露水鞋，吃完"离娘席"，被伴娘们拖拉出闺房，在堂屋中哭拜祖先、辞别父母，然后由"红花儿"背上喜轿、鸣炮起程。迎亲队伍往回走，新娘在花轿里哭得更响，一直哭到男家能听到的地方才算了事。

阅读链接

从宋代起就有迎亲前一日邀请"好命婆"为新人进行铺床的仪式。铺床的人一般由女方家邀请。铺床过程根据各地风俗不同也略有差别，主要流程除了扫床、铺鸳鸯枕、龙凤被之外，最被大家熟悉的应该就是"撒帐"了。"撒帐"是指将花生、桂圆、莲子、栗子、枣等干果铺撒在婚床上，取义"早立子、莲生子、花生子"的生命祈愿。

在古时，结婚代表的意义更多是传宗接代，延续生命。因此寡妇或未生育过的妇女是不能触碰被褥、床品甚至搀扶新娘的。新郎新娘在未举行婚礼仪式之前，也不可坐在床上。

新人进门习俗的迎亲礼

到了完婚这一天，开始迎亲。古礼中的迎亲仪式，并不是一天之内完成的，而是要持续两三天，除迎娶当日外，前后各要延展一天。先秦时迎亲的程序比较简单。新郎受父之命迎亲，到了女家，女方的

古代迎亲队伍

白居易 （772年—846年），唐代伟大的现实主义诗人。与元稹共同倡导新乐府运动，世称"元白"，与刘禹锡并称"刘白"。其诗歌题材广泛，形式多样，语言平易通俗，有"诗魔"和"诗王"之称。有《白氏长庆集》传世，代表诗作有《长恨歌》《卖炭翁》《琵琶行》等。

人生遵俗

人生处世与礼俗文化

人要出门响应，新郎进门要献出礼品雁，这个礼俗叫"奠雁"。然后，新郎把新娘接到车上，迎往家中。

后世的迎亲之举似乎要复杂得多。迎亲的队伍往往比较壮观，有多至几十人的。新娘在汉代和唐代都是坐车，宋代以后才流行起人们所熟悉的花轿。在迎亲的队伍里，也包括锣鼓吹打的乐队等。

清代北京的迎亲队伍，大多有模仿帝王的仪仗的趋向。迎亲的队伍里有许多挑夫拿着"开道""回避"的大字木牌和提灯，还举着金瓜、斧钺等兵器。新郎戴官帽，新娘则凤冠霞帔。

后世传统迎亲比较普遍的是用八人大轿。抬轿的人身体强壮，遇上别人家的花轿，绝对不可以与他们碰头，必须绕着走。迎亲回来时，还要找另一条路回去，以取不会走回头路之意。如果途中经过庙、祠、坟、井、河等处，必须由男方娶亲的人手张红毡子将花轿遮着，作为辟邪的意思。如果在途中遇见出殡

■古代迎亲花轿

的队伍，迎亲的人会说"今天吉祥，遇上宝财！"因为棺材的谐音为"观财"，亦即看到财宝的意思，这样说主要是为了图个吉利。

　　花轿抬到男家院门口，有人拦着要吉利钱，讨喜酒吃，称为"拦门"。之后，娶亲的队伍也并不马上进门，而是把喜轿关在门外，俗称此为"憋性子"，意思是指把新娘性格憋得柔顺些。据考证，传代之俗，在唐时已在民间流行。白居易《春深娶妇》诗中写道：

何处春深好，春深嫁女家。

紫排襦上雉，黄帖鬓边花。

转烛初移障，鸣环欲上车。

青衣转毡褥，锦绣一条斜。

　　当时富贵之家婚礼传代以毡褥相递转，贫寒之家则用布袋，宋元时改用青布或毡席。

　　新娘下轿时，还有人手拿花斗，盛上谷物、豆子、铜钱、彩果、草节等，一边念咒文一边望门而撒，小孩们争着拾取，称为"撒谷

■古代新娘下轿

豆"。据说，这是为了赶走守在门口的青羊、乌鸡、青牛等三煞神，以求吉利太平。

据宋朝高承《事物纪原》所载，撒谷豆习俗始于汉代：京房的女儿与翼奉的儿子订立了婚约。翼奉选了个日子准备为儿子迎娶新娘。京房认为翼奉所选的日子不吉利，因为这一天有三煞附在门上。凡是三煞附门的时候，新妇便不得入门，如果违犯了，就会损害尊长，而且婚后无子。翼奉不以为然，坚持在这一天迎娶，但还是采取了一定的措施。当新妇入门时，用谷豆和草来辟邪。

京房、翼奉都是西汉的大儒，两家子女缔结婚姻，对婚期是否为吉日产生了不同的看法，结果以撒谷豆辟邪的方法来予以解决，从此撒谷豆的婚礼习俗就流传下来。与撒谷豆类似，后来有的地区流行撒草作歌的礼俗。新娘下轿时，有专人一面撒草节一面唱歌：

今日新人远降来，喜神福神两边排。

开门两厢皆为吉，今请新人下轿来。

然后递给新娘一个花瓶，撒草人又唱道：

> 花瓶本是圣人留，轩辕黄帝起根由。
> 今日落在新人手，富贵荣华万万秋。

在新娘进院前行时，撒草人紧跟其后，随路边撒草边歌曰：

> 一撒如花似锦，二撒金玉满堂，三撒咸亨庆会，四撒华阁兰堂，五撒夫命富贵，六撒永远吉昌，七撒安康福寿，八撒子孙兴旺，九撒凶神远避，十撒八大吉祥。

接着，新娘还要在内室门槛上"跨"马"鞍"，"鞍"与"安"同音，这一仪节包含有平安的寓意，还有让新娘做到"好马不备二鞍，好女不嫁二男"之意。

阅读链接

皇家婚礼有很多特殊之处。按照清代礼仪，大婚之日，皇帝穿礼服乘舆出宫，先到慈宁宫向皇太后行礼，然后到太和殿升御座，派遣使者出发奉迎皇后入宫。迎亲队伍到皇后家行册立礼后，簇拥着皇后的凤舆返回，经大清门进宫。

按清朝定制，大清门除皇太后、皇帝可以随时出入外，任何臣民不得擅行，皇后也只有大婚之日才有一次进穿此门的威风。凤舆到太和殿或乾清宫后，皇后下轿，正副使臣便完成任务离去。然后由内监、导从命妇伴随，共拥皇后步行到交泰殿。在这里，恭侍命妇接替导从命妇奉迎皇后，皇后改乘八人孔雀顶轿入坤宁宫，等候与皇帝行成亲礼。之后，皇帝到坤宁宫，行合卺礼，饮交杯酒，大婚即告成。

三拜缔结好姻缘的拜堂礼

新郎、新娘进门后，接着就是"拜堂"，又称"拜天地"、拜高堂、拜花堂。因古代婚礼中的交拜礼都是在堂室举行，故有此称。拜堂是我国传统婚礼中最重要的大礼。

■月老贡像

关于拜天地风俗的形成，还有一个美丽传说呢！相传，女娲造人的时候，开始只造了一个俊俏的后生。这后生虽说有吃有穿，逍遥自在，但孤孤单单一人，总觉得很闷，所以常唉声叹气。

一天晚上，月亮圆了，明光光地挂在天上，小伙子触景生情，更感寂寞，就对月亮说："月老月老你细听，给我找个知心人，我世世代代领你的情！"

■婚庆拜堂仪式

幸福美满

人生礼俗

刚说完，月亮一忽闪，一个白眉长须的老人拄着一根龙头拐棍来到小伙子的面前，说："后生不要愁，我给你找个小帮手。"

说完后，一阵清风，长须老人不见了。小伙子感到很纳闷。过了一个时辰，就见长须老人领着一个姑娘飘悠悠地落到小伙子面前，对小伙子说："我到女娲那里，让她又造了一个女人，给你领来了。你们先认识一下，一会儿我给你们办喜事。"

话一说完，老人不见了。小伙子见姑娘香腮绯红，像月季花一般，于是喜上眉梢。姑娘见小伙子眼睛明亮，诚实坦白，也觉得情投意合。两人四目一对，一见钟情。小伙子结巴着说："你愿意和我一块生活吗？"

姑娘听了，脸上飞起两朵红云。

正在这时，长须老人领着两个白发白须的老人站

女娲 又称娲皇、女娲娘娘，《史记》中称女娲氏，是古代传说中中华民族的人文始祖，是神话中的创世女神。以泥土造人，创造人类社会并建立婚姻制度。关于女娲的传说很多，影响甚为广泛深远。

■ 夫妻对拜

月下老人 又称月老，神话传说中的人物，主管人间婚嫁之事。关于月下老人定姻缘的传说很多，流传较为广泛的是唐人李复言小说《续幽怪录·定婚店》：相传唐代杜陵书生韦固在宋城巧遇月下老人，月下老人为韦固牵红绳指明婚嫁对象，后来韦固果然应月老之语与相州刺史王泰之女结为连理。

在小伙子和姑娘面前，指着两个老人说："这是天公和土地，你们以后的生活全都离不开他俩。现在我们给你们办喜事，首先，给养育你们的天公、土地拜三拜，'一拜、二拜、三拜'。"

随着月下老人的喊话声，小伙子和姑娘对天、地拜了三拜。随后，月下老人笑着说："我给你们牵红线，你们还得给我拜拜哩。"

小伙子和姑娘又对着月下老人拜了三拜。刚拜完，三位老人全不见了。

从这以后，小伙子每天起早摸黑在田里干活，姑娘在家为小伙子烧火做饭，缝新洗旧，两人恩恩爱爱，过着幸福的日子。

为了感谢天、地的养育之恩，为了感激月下老人牵线搭桥的情意，从此以后便形成了结婚"拜天地"的习俗。

先秦时，新娘拜见公婆是在新婚第二天清晨。南北朝时，夫妻对拜固定为婚姻礼仪。唐以前北方地区民间称"交拜礼"，在特设的青庐举行；唐时"拜堂"一词正式出现。

北宋时，新婚日先拜家庙，行合卺礼，次日五更，用一桌，盛镜台镜子于其上，望上展拜，谓之新妇展拜。至南宋，则改在新婚当天。行富贵礼后，新婚夫妇牵巾到中堂先揭新娘盖头，然后"参拜高堂，次诸家神及家庙，行参诸亲之礼"。

后世，随着时代的发展，一般在迎娶当天拜堂，各执一端用红绿彩缎结成的同心结，并立在烧着大红龙凤喜烛的堂前，新郎新娘先拜天地，然后依次拜见公婆及尊长亲戚，拜与被拜的双方往往要互赠礼物，最后夫妻交拜，不拘成规。

有趣的是，有的地方拜堂完毕，要让新娘蹲尊子，俗称"蹲新"。办法是，用护裙把凳子包上，新娘由伴娘扶着一站一坐，这时调皮的青年在背后趁机把凳子抽掉，如伴娘关照不周，新娘就会蹲在地上，引起哄堂大笑。民间流传着两句顺口溜："今年蹲尊子，明年见孙子。"所以"蹲新"之后，有人赶快把凳子送给婆婆抱一会，期望早抱孙子。

阅读链接

喜字是民间的吉祥图符。习惯上，双喜字用于娶亲；单喜字用于嫁女。民间办喜事都要在街门两旁贴上喜字。通常一律用墨笔在大约半米见方的顺红纸上书写；极讲究的才用胶水书写，然后洒上金粉，成为红纸金喜字。喜房里还有倒贴喜字的，谓喜到了。所有的嫁妆上都贴上红色剪纸形式的喜字；甚至天地桌上当作香炉的木斗上也要贴个喜字。

据说，双喜字是宋代大文豪王安石因赶考归途得了乘龙快婿。正逢洞房花烛之际，又得知金榜题名。于是将汉字的两个喜字并排书写，表示喜上加喜，故谓之"双喜"。

丰富的洞房花烛夜之礼

拜完天地后，就是入洞房。所谓"洞房"，即指新人完婚的新房。中华民族文明史距今已有5000多年了，人们把结婚仍然称为"入洞房"。但何时将新房称作"洞房"的呢？

洞房花烛夜情景

相传，帝尧受命于危难之时，先是"十日并出"，禾稼焦枯；继而洪水泛滥，淹没田园，各地部落方国，割据称雄，独霸一方。帝尧依靠大羿等部落方国领袖的支持，射落九日，削平群雄，重新统一中原，率领群众与水旱灾害作斗争，万民称颂。

一天，帝尧到仙洞牧马坡巡视，同牧民谈论畜牧之道。正说之间，忽见一位仙女凌空飘然向仙洞而去，众牧民惊喜地指给帝尧说，那是被称作

洞房新娘坐床

姑射神女的鹿仙女。

帝尧巡视回来后，鹿仙女的形象一直浮现于他的脑海里，萦绕在他的心头。夜里梦见鹿仙女飘飘然从天而降，凝目含笑，向他走来，与他并肩携手，互诉衷情，驾云凌空同游。

帝尧微服到姑射山访察，走到仙洞，远远看见林边草坪上有一个青年女子翩翩起舞，婀娜多姿，忽而腾空，忽而遁地，穿石如入虚，履空如平地，身边有一只小鹿陪伴着她。

帝尧心想，她一定是鹿仙女了，于是健步上前，向她打躬施礼。不意她竟未答话，抽身躲到一棵松树后边，面含娇羞地装作用木梳梳头。待尧将走近时，她将木梳往这株树上一扎，又转到另一株树后边嬉笑着。帝尧也嬉笑着追赶，不觉来到一个僻静处，猛然从山谷窜出一条巨蟒，口吐红信，目光瞵瞵，昂首向尧扑来。帝尧后退不及，被地上的草丛绊倒。

在这危急时刻，鹿仙女见状，折身一个箭步跳到帝尧身前护挡他，倾手一指，只见那巨蟒浑身颤抖，回身向山谷退去。

洞房花烛夜情景

帝尧惊恐之余，一再拱手感激鹿仙女救命之恩。二人相随回仙洞途中，互相倾诉衷情，情投意合。二人遂订立婚约，择定吉期成婚。

帝尧与鹿仙女双方结鸾俦于仙洞之中，以洞为新房，对面的蜡烛山上光华耀眼，照得南仙洞如同白昼一般。从此，世间也就把新娘的房子称作洞房了，把新婚之夜称为"洞房花烛夜"。

洞房之内的礼仪比较繁琐，而且因时因地因人而异，形式多样。但从入洞房到花烛之夜，一般有如下的几个环节：

开始是坐帐，亦称坐床。坐帐有多种形式。首先是新婚夫妇坐的位置不尽一样。大体上有两种形式。一是新娘被搀到炕上。有的还要让新娘踏过布匹、高粱，取步步高升之意。新郎、新娘的坐向是八卦式的，或冲东南、西南、东北、西北不等。

二是让新娘踏过红毡后，与新郎按男左女右的位置，一同坐在炕沿上。然后，让新郎将自己的左衣襟，压在新娘的右衣襟上，表示男女已同床，但是寓意男人压女人一头。有的人家在炕上真的支起帐子，把新婚夫妇遮在里边闷一会儿，表示已经共宿。

与此同时，由娶亲太太撒帐，她一边将桂圆、荔枝、红枣、栗子、花生之类的喜果撒在帐内，一边念叨着"一把花生一把枣，大的跟着小的跑""多子多孙多富贵，吉祥如意白头老"等等。

有的要按东、南、西、北、中、上、下、前、后等方位来撒，每撒一个方位都有祝词，雅俗不等。如：撒帐东，花开富贵朵朵红；撒帐南，早生贵子中状元。祝罢，即将帐子拉开，谓之撤帐。

新郎随即用裹着红纸的新秤杆将新娘的盖头挑下来，谓之初会，俗称露脸。若是狡猾的新郎必定把盖头坐在自己的臀下，意思是婚后可以压她一辈子。女家的送亲太太若是手捷眼快，就不容他坐下，赶紧夺过来，口里说声"高升吧"！这时，两位新人才能互相窥视面容的俊丑。

接着，则是插花卜喜。新郎将新娘头上的绒花摘下一支，任插一处。有的说插于上方生子，插于下方生女。有的人则说应插花于窗棂上，插的越低，生子越近。说法极多，莫衷一是，故有的人家干脆让新郎将花插于喜神方位的窗户或墙壁上。总之，是预卜和自我祝愿婚后早日生儿育女，以给家族传宗接代。

随后，便是夫妇喝交杯酒，谓之合卺之礼。把一

盖头 最早的盖头约出现在南北朝时的齐代，当时是妇女避风御寒使用的只仅仅盖住头顶。到唐朝初期，便演变成一种从头披到肩的帷帽，用以遮盖。从后晋到元代，盖头在民间流行不废，并成为新娘不可缺少的喜庆装饰。为了表示喜庆，新娘的盖头都选用红色的。

071

幸福美满

人生礼俗

■新郎揭盖头蜡像

个匏瓜剖成两个瓢，新郎新娘各拿一个，用以饮酒，就叫合卺。夫妻共饮合卺酒，不但象征夫妻合二为一，自此已结永好，而且也含有让新娘新郎同甘共苦的深意。

宋代以后，合卺之礼演变为新婚夫妻共饮交杯酒。《东京梦华录》中记载：

> 用两盏以彩结连之，互饮一盏，谓之交杯。饮讫，掷盏并花冠子于床下，盏一仰一合，俗云大吉，则众喜贺，然后掩帐讫。

这个仪式的象征意义是意味深长的。用彩绸或彩纸把两个酒杯连接起来，男女相互换名，各饮一杯，象征此后夫妻便连成一体，合体为一。

照婚礼习俗，在交杯酒过后，常常还要举行结发之礼。结发包括许婚系缨和成婚脱缨两个程序。"缨"为一种五色丝绳，凡女子许

人生遵俗

人生处世与礼俗文化

■古代婚床

■ 苗族结婚新房

嫁，便用它来束发，以示确定了婚配的人家。这条丝绳，需在成婚之日，由新郎亲手取下。

合髻则是唐中期以后由结发而演变成的一种婚仪。在举行婚礼之日，新婚男女各剪下一缕头发，绾结一起作为信物，表示同心偕老。

这种风习流行民间，也为当时公卿仕宦之家所遵用之，至宋代仍沿袭不衰。

闹洞房是婚礼的最后程序，也是任何婚礼都不可少的内容，它是婚礼的高潮，也是最热闹最有趣的节目。关于闹房习俗的来历，我国民间有一个传说。

相传，古时紫微星君一日下凡，在路上遇到一个披麻戴孝女子，尾随在一伙迎亲队伍后，他看出这是魔鬼在伺机作恶，于是就跟踪到新郎家，只见那女人已先到了，并躲进洞房。当新郎、新娘拜完天地要进入洞房时，紫微星守着门不让进，说里面藏着魔鬼。

《东京梦华录》

宋代孟元老的笔记体散文，是一本追述北宋都城东京开封风貌的著作。所记大多是宋徽宗崇宁到宣和年间北宋都城东京开封的情况，描绘了上至王公贵族、下及庶民百姓的日常生活情景，是研究北宋都市社会生活、经济文化的一部极其重要的历史文献古籍。

■ 传统婚礼洞房

人生遵俗

人生处世与礼俗文化

《汉书》又称《前汉书》，由我国东汉时期的历史学家班固编撰，是我国第一部纪传体断代史，"二十四史"之一。是继《史记》之后我国古代又一部重要史书，与《史记》《后汉书》《三国志》并称为"前四史"。

众人请他指点除魔办法，他建议道："魔鬼最怕人多，人多势众，魔鬼就不敢行凶作恶了。"于是，新郎请客人们在洞房里嬉戏说笑，用笑声驱走邪鬼。果然，到了五更时分，魔鬼终于逃走了。为了驱逐邪灵阴气，增强人世的阳气，民间便形成了闹洞房的习俗，所以有俗语说"人不闹鬼闹"。

闹洞房的习俗起源甚古，《汉书》记载"燕地嫁娶之夕，男女无别，仅以为荣"。闹房之俗可能起源于"听房"，以后逐渐演变成为戏弄新娘的闹洞房。此种风俗行至唐代，风行民间。

新婚之夜，亲戚朋友围坐房中，对新娘百般戏谑，称之为"闹房""戏新娘"。闹的方式各种各样，各地有同有异，可分为文闹和武闹两种。

文闹以较文雅的方式，往往都是向新娘出谜

语、对对子，请其讲述恋爱经历及平常羞见于口的男女之事，山西民间有称"说令子"，妙趣横生，迫使新娘无法对答而大出洋相，借以取乐。这天夜里，好事者多以谈谐语编为词调，强使新妇歌之，名曰"闹房"。

武闹是使用较为粗野的方式，不仅口出秽言，还对新娘动手动脚，颇有恶作剧的性质。

汉人还有让小孩为新婚夫妇滚床的习俗。即由一位全福不忌的妇人把洞房里新婚夫妇的被褥通通打开铺平，随后在炕的四角撒些桂圆、荔枝、红枣、花生、栗子之类的喜果，谓之福、禄、寿、禧，四角集全。然后，抱来一童男放在炕上，让他爬一爬、滚一滚，谓之滚床。如果小孩把床尿了，不但不犯忌讳，反认为这是多子多孙、大吉大利的征兆。

届晚，洞房开始上灯。罗帐上带有双荫鸳鸯彩绘的宫灯，由娘家陪送来蜜里调油的长命灯，以及喜字围屏前的龙凤彩饰的大蜡，都须点得通明。这就是所谓的花烛之夜，后世皆以花烛之禧来祝贺新婚。

阅读链接

同心结，是旧时男女用锦带制成的菱形连环回文样式的结子。同心结用锦带制成的菱形连环回文样式的结子，表示恩爱之意。《玉台新咏》之《梁武帝·有所思》诗："腰中双绮带，梦为同心结。"刘禹锡《杨柳枝词》："如今绾作同心结，将赠行人知不知？"可见，在南北朝及唐时，就有用同心结表示爱情的做法。

新夫妇行过结婚大礼之后，相携进入新房，又有绾结同心之俗。据北宋的孟元老的《东京梦华录》记，新娘迎娶到男家时，两家各出一根彩缎绾成同心结，男女各执一头，相牵而行，拜谒祖先，然后夫妻对拜。"牵巾"则是以同心结相牵。

夫妻双双回娘家的回门礼

迎娶仪式礼成后，新妇必要回娘家与父兄亲友见礼，谓之回门，也叫回酒，即古代所谓的归宁。有的从迎娶之日起算，第二天回门，如由迎妆起算则为三日回门；还有四天或六天回门的。总之，看男、

■回娘家雕像

■舞台上回娘家表演

女两家的具体情况择吉而行。后来，有的家主为了节省人力物力而简化礼仪，把迎妆、迎娶、回门都集中于一天举行，谓之小三天，即一天办了三天的喜事。凡属这种情况，都在当天下午回门。

回门是新妇首次归宁，新妇出于对娘家的留恋，娘家出于对新姑奶奶的关心，所以，对此举都非常重视。照例是天不破晓，娘家就派人与车马去接。因为必须赶在黎明之前把新姑奶奶接出来，俗云：回门不见婆家瓦。有的还要由新郎的内兄或内弟来接姐夫或妹夫吃回门酒。有的说，是让姑爷认门，其实是让姑爷到门里进一步认人。与岳父、岳母等女家的家庭成员都要见个礼。

旧时，礼法严，规矩多。新妇临行前，得给公、婆磕头，然后才能动身。通常都是夫妇乘车轿同行。有势派的，新郎骑马率领仆众，前呼后拥，相当威

礼法 礼仪法度。是指行礼的章法、程式。儒家制礼，希冀为万世作法式，是要供在不同空间、时间中生活的人们使用的。因此，礼必须有严格的操作程序，包括行礼的时间、场所、人选，人物的服饰、站立的位置、使用的辞令、行进的路线、使用的礼器，以及行礼的顺序等，这就是礼法。

■ 夫妇行回门礼时的筵席

人生遵俗

人生处世与礼俗文化

牌位 又称灵牌、灵位、神主、神位等，是指书写逝者姓名、称谓或书写神仙、佛道、祖师、帝王的名号、封号、庙号等内容，以供人们祭奠的木牌。牌位大小形制无定例，一般用木板制作，呈长方形，下设底座，便于立于桌案之上。

风。有的贵族则是让新妇拂晓先行，新郎须待日上三竿始率仆众动身。一般平民回门，仅雇一辆挂彩的四轮马车而已。路人隔窗即可以看到里面浓施粉黛，头戴大红绒冠的新人。

及至到了女家，新婚夫妇首先要拜家堂里的神、佛，祠堂里的宗亲三代牌位，然后给父、母等亲族长辈行三叩首礼。新郎再与内兄、内弟等依次见礼，或揖或安。晚辈们则给新婚夫妇叩首见礼。受礼者必掏出事先封好的红封送给新人；新人亦将事先封好的红封赠给晚辈们。

全部礼仪就像在男家庙见、拜三代时一样。反正新郎、新妇有磕不完的头，请不完的安。有些幽默的老北京人管这时的新婚夫妇叫作磕头虫儿。一天下来，弄得新婚夫妇筋疲力尽。

最后，摆上酒席，通常是男、女分桌对摆，一桌是新郎首座，由男眷奉陪。另一桌是新姑奶奶坐上座，由女眷奉陪。规模小的，也有摆一桌的，将两位新人让到上座，分男左女右而坐，由几位女家长辈相陪。这种场面自然要在菜馔上尽量丰盛些，令人有充实感，预示着新婚夫妇婚后丰衣足食，生活美满。

饭后，活动安排不一。有的让新郎与新妇一同到女家的主要亲戚家回拜，有的由于主要亲戚都已赴会，即不再造府回拜了。新郎饭后称谢先行告退，只留下新妇在娘家与父母说说悄悄话儿。

女儿首次归宁，必然要将初婚所见向父母长辈们禀报一番，对这桩婚事是否满意必要流露出来。如果公、婆待人宽厚，没什么脾气，家道尚称殷实，夫婿也通情达理，能体贴人，全家自然皆大欢喜。

假如女儿诉说，婆家礼法严，规矩大，花烛未尽就宣布了家法八章。公婆脾气大，夫婿身有隐疾、恶疾或染有恶癖、嗜好，如赌博、酗酒、抽大烟，与媒人所说大相径庭，不免母女相对流泪。甚至邻居闻听后，也为之叹气。

回门乃是传统婚礼的尾声。回门礼仪的结束标志着全部婚礼礼成。但还有些未尽的余音，例如：婚后9天、12天、18天，娘家必备食品看望女儿，谓之作单九或瞧九、作十二天、作双九。

其中，以双九最为隆重，算

079

幸福美满

人生礼俗

■ 回娘家剪纸

是正式的走亲戚。俗云单九不算走，双九才算走。所谓"走"即走亲之意，单九去了，双九亦不可不去。

过了双九，娘家人必接女儿归宁，新郎亦陪同再拜，并同桌共饭，聚会一番。但当晚必须回来。因为新婚一月之内，新房是不能空起来的，新婚夫妇必须双飞双宿。

一般新婚一个月之后，姻亲便可以自由往来了。新妇照例要回娘家住几天，谓之住对月。通常在办完喜事后，快到一个月时，娘家人就让新妇的嫂子或弟妇到男家向其公婆请示归宁的日数，公、婆自当慨允，或四日，或六日，个别路远交通不便的当可延至八日。

这次新妇回娘家必要接受七姑八姨二大妈的邀请，前去做客，忙个不暇；再者，新妇在娘家留宿，按习俗姑爷不能与之同房。据说，这样会使娘家家道败落。所以，新郎不便再去岳家。

等到新妇住满日子的头天，岳家必请新婿吃酒，以表敬意。次日晚饭后，娘家人即将新妇送回。转过天来，娘家人还要买些糕点、肉类食品再来看望女儿，少不得亲家重新聚会一番，共同祝愿小两口新生活的开始。至此，男女两家始才恢复了往日的平静，办喜事的余音也逐渐在生活中消失。

阅读链接

喜庆蜡烛当中，有一种藏蜡，是较精致的工艺品，原系西藏喇嘛制造的产品。一般有四方形、圆形两种，皆有雕刻的花纹图案，常见的多是龙抱柱的形式，用于婚礼上的也有双喜字图案的。不过这种蜡多不能燃点，而是仅作装饰，故又称为样蜡。有的送礼人不但要送蜡烛，而且还要送一对蜡扦，礼仪上的雅称为蜡台。有时是一对童男女或一对古装的侍者，手托一盘，内有金属扦子，可插烛于其中，颇为艺术，称为蜡奴。通常这种礼品都被摆在礼案上，成为拜堂、拜喜神、拜天地用的供器。

生日与祝寿的礼仪习俗

生日是人来到世上的纪念日，对本人具有特别的意义，因而庆贺生日颇为流行。而向别人祝寿，则成为社交活动的一项内容。在我国为别人祝寿，即"上寿"的风气开始很早。金文中就有多种写法的寿字出现，可见商周时期已有了祝寿的活动。但当时祝寿并不是固定在

■古代拜寿塑像

■ 福寿三多图

《十驾斋养新录》 清代史学家、汉学家钱大昕所著的学术札记，涉及经学、小学、史学、官制、地理、姓氏、典籍、词章、数术、儒术等诸多领域。其考镜源流，匡辨伪讹，索微烛幽，"皆精确中正之论"，为后人称赏，被学者视为典范。

出生纪念日。

据清代钱大昕《十驾斋养新录》卷19考证，封建帝王确定在生日举行大型祝寿活动始于唐代。729年农历八月，唐玄宗置酒宴招待群臣，庆祝自己的生日。宴会后，尚书左丞相源乾曜、右丞相张说率文武百官上表，请以玄宗生日八月五日那天为"千秋节"。

此后，唐代皇帝不但在生日祝寿，而且除唐德宗外，都为生日取了专用的名称。如唐肃宗生日叫"天成地平节"，唐武宗生日叫"庆阳节"，唐宣宗生日叫"寿昌节"，唐昭宗生日叫"嘉会节"等等。

唐代自唐玄宗始，每逢皇帝生日全国都休假三日举行庆祝活动，"朝野同欢"。在京城，群臣向皇帝祝寿，献上甘露、醇酎和"万岁寿酒"。各道节度使为博得皇帝欢心，则献上大量珍物宝玩。京城以外的官吏百姓也要"作寿酒宴"，庆贺皇帝的生日。

据《宋史·礼志》载，1012年11月，宰相王旦生日，宋真宗诏赐羊30头、酒50壶、米面各20斛，允许摆宴、奏乐，大加庆贺。除宰相外，宋代亲王及皇帝宠爱的官僚每逢生日，皇帝都赏赐礼物以示祝贺。

由于封建帝王的倡导，上行下效，各级官僚借送生日贺礼之机拉关系、交权贵，在宋代成为普遍的风气。南宋李心传的《建炎以来系年要录》载，在奸臣秦桧擅权时，"四方皆以其生日致馈。其后州郡监司率受此礼，极其僭侈"。以至于1156年，为刹僭侈之风，宋高宗还曾下诏，禁止在职官吏过生日收贺礼。但从各种文献记载看，这道禁令并没有起太大作用，其后送生日贺礼之风仍然盛行。

宋代除生日送财物外，还有生日献诗词的风气。大文学家苏轼《东坡全集》中就有多首祝贺生日的诗，如《表弟程德孺生日诗》等。

明清时期，还有以绘有寿星的画轴作为生日贺礼的。不过，据清代学者钱大昕《十驾斋养新录》卷19载，当时风气是"只受文字，其画却回，但为礼数而已"。而且画轴常常并不打开就退回，故而还出现了"无寿星画者，但有它画轴"，就用"红绣囊缄之"以滥竽充数的现象。

《十驾斋养新录》就记有这样的事例。当时有一名叫王安礼的州官

节度使 唐代开始设立的地方军政长官。因受职之时，朝廷赐以旌节，故称。节度使初置时，作为军事统帅，主要掌管军事、防御外敌，而没有管理州县民政的职责，后来渐渐总揽一区的军、民、财、政，所辖区内各州刺史均为其节制，并兼任驻在州之刺史。

083

幸福美满

人生礼俗

■ 明代沈周《为祝祺写寿图轴》

《杭俗遗风》

清代廉吏范祖述著，全书分时序、乐善、声色、婚姻、丧葬、寿诞、排场、传品、饮食、女工、驰名、备考12大类，共计180条，对清代杭州民情风俗作了详尽记述。是研究清代杭州民俗的重要史料。

过生日，其属吏依照礼节送上许多画轴。王安礼忽然心血来潮，命令将所有的画轴均启封，展开挂在厅堂中，以显示生日之隆重。但当他兴高采烈地率领众来宾参观这些礼品时，才发现画轴中有画着佛像的，有绘着鬼神的，更有甚者图上竟是两只猫，真是令人哭笑不得。

祝寿一般是在生日当天，家属及宗族、戚友都要行拜礼并颂念祝贺言词，故又称为"拜寿"。也有在前一天晚上就去贺寿的，称为"预祝"。如有人在生日的第二天前往贺寿，则叫作"补祝"。

还有一种特殊的情况，古代还盛行为已经去世的祖父母或父母在他们诞辰纪念日"称觞祝寿"，叫作"冥寿""阴寿"或"冥庆""阴庆"。据清代廉吏范祖述《杭俗遗风》载，冥寿之礼，大体如同为生者做寿。凡在家中做冥寿，子孙要身穿彩服，设置寿堂，宗族及亲友登堂拜祝。

■ 清代任颐群仙祝寿通景屏局部

冥寿礼品不得送对联，可送寿屏、寿轴。送寿轴者，上书"仙山不老，佛国长存"等字样，也有单写一个"庆"字的。如送桃、糕、烛、面之类，须加纸元宝十副、糖茶两杯，而不送鞋袜。

■ 清代任颐群仙祝寿通景屏局部

家中冥庆不拜忏，酒席荤、素均可，以素席为多。如在寺院做阴寿，则必须拜忏，或一日、或三日、或七日不等，以圆满之日为正日。更为隆重者，要拜水陆道场，由四十九个和尚拜忏七七四十九天。

事毕，阴寿者牌位可放入寺院中的根本堂，以承受香火。做冥寿表达了人们对已故先人的怀念。其习俗一直延续下来。

寿诞礼仪的基础，源于较独特文化信仰传统。我国古代所谓"五福"，讲的是五种人生理想。民间的

水陆道场 全称"法界圣凡水陆普度大斋胜会"，略称为"水陆会"，又称为"水陆法会""悲济会"，是汉传佛教的一种修持法，也是汉传佛教中最盛大且最隆重的法会。起源于南北朝时的梁武帝，经唐代密教的充实发展，直至宋、元、明成熟定型，后一直流传。

■ 宋代拜寿图

人生遵俗

人生处世与礼俗文化

作揖 我国古人见面时的一种行礼形式，两手抱拳高拱，身子略弯，表示向人敬礼。据考证作揖大约起源于周代以前。这种礼节要求两手松松抱拳重叠，右手覆左手，在胸前右下侧上下移动，同时略作鞠躬的姿势。这种礼节在京津地区，直到20世纪五六十年代依然保存，在年节、祝寿等庄重场合使用。

说法是福、禄、寿、喜、财。

在古籍中，"五福"说法略有不同，寿排在五福之首。我国最早史书《尚书·洪范》说：

五福，一曰寿，二曰福，三曰康宁，四曰攸好德，五曰考终命。

不仅寿居首位，而且其他几福也多与此有关，比如康宁、考终命。古人解释，考终命为"皆生姣好以至老也"，与此有一定关系。

可见，人的一生，寿是至关重要的。正是基于上述观念，古人都十分重视寿龄。在古代文献资料中，这方面的记载不计其数。人们不仅在现实生活领域千方百计地寻求、实践长寿之道，也苦心孤诣地在信仰、礼仪生活里创造、应用长寿之术。

首先，人们创造了祝福、庆贺长寿的礼仪，这就是寿礼。其次，人们根据社会价值观等赋予一些行为以特定的意义，比如拣佛头儿上寿，对人弄刀折寿等，从而趋利就福、远祸避患。

再次，人们还创造了寿星这样一位吉祥人物，时常加以寿礼，并把寿字用许多形体写出来，组成"百寿图"。还择定许多长寿的象征物，入诗入画，借以寄托长寿愿望。所有这些都构成了我国传统寿诞礼俗的丰富画卷，而其中寿礼最为突出。

寿礼也叫"过生日"，此外还有"做寿""祝寿""庆寿""贺寿"等名称。特定年龄又有特定称呼，如"庆八十""贺六十""古稀之寿"等。

传统寿礼有一套仪规。先要设寿堂，摆寿烛，挂寿幛，铺排陈设，张灯结彩，布置一新。到了生日那天，寿堂正中设寿星老人之位，司仪主持仪式，亲友、晚辈都要来上寿。辈分不同，礼数有别。平辈往往只是一作揖，子侄辈则为四拜。有的并不设寿翁，客人只是到寿堂礼拜，而由儿孙辈齐集堂前还礼。

当然平常人家也有不设寿堂，只设寿案的。旧时北京这情形时，多是到香蜡铺请一份木刻水印的"本命延年寿星君"的神马儿，夹在神夹子上，前头摆上

五福 指长寿、富贵、康宁、好德、终命。"长寿"是命不夭折而且福寿绵长；"富贵"是钱财富足而且地位尊贵；"康宁"是身体健康而且心灵安宁；"好德"是生性仁善而且宽厚宁静；"善终"是能预先知道自己的死期，就是临终时，没有遭到横祸，身体没有病痛，心里没有挂碍和烦恼，安详而且自在地离开人间。

087

幸福美满

人生礼俗

■福寿堂寿联

绸 在古代，丝绸就是蚕丝织造的纺织品。丝绸是我国古老文化的象征，我国古老的丝绸业为中华民族文化织绣了光辉篇章，对促进世界人类文明的发展做出了不可磨灭的贡献。我国丝绸以其卓越的品质、精美的花色和丰富的文化内涵闻名于世。目前已知的最早丝织物，是出土于距今约4700年前良渚文化的遗址。

寿桃、寿面，点上一对红蜡，压一份敬神钱粮而已。

寿筵是寿礼的重要一环，主家往往大开宴席，款待来客。宴席的馔肴不外乎鸡鸭鱼肉、山珍海味，但少不了的是面，俗称"长寿面"。

贺寿的来客都要携带寿礼，诸如寿桃、寿糕、寿面、寿烛、寿屏、寿幛、寿联、寿画、寿彩、万年伞等。这些礼品中但凡能缀饰、点画图案的，一般都要加上一些象征长寿的图案等。

此外，各地又有独具特色和意蕴的礼品。山东掖县出嫁的女儿回娘家为父亲祝寿，一定要做五个祝寿饽饽一摞，然后再加一个，一摞祝寿，另外一个供寿星。蚕乡浙江海宁则要给老人做绸衣、绸裤、绸面鞋子，用抽不尽的蚕丝祝福老人长寿绵绵。

民间信仰是建立寿诞礼仪的基础，因此在某些方面有其独特之处。比如壮族寿礼，举行寿礼时晚辈要

■清代拜寿场景

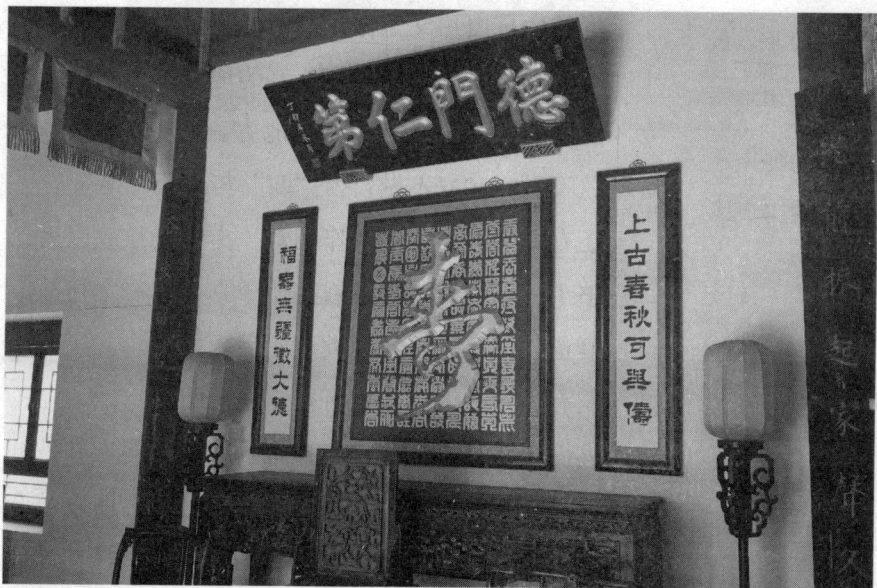

■ 寿联

用猪肉、鸡来祭祖先，有的地方还要请师公念经。行礼之后，大家还要簇拥着老人唱"祝寿歌"。

土家族的寿礼，其仪俗和寿星的年龄大小有关系。60花甲的寿礼一般就比较隆重了，亲友都要送礼品来祝寿。其礼品除一般食物以外，还要有面和鱼，面称"寿面"，鱼则象征"百岁有余"，此外还送寿幛、寿匾、彩对、福禄寿喜星图或瓷像。

若是百岁大寿，则不论平时交往疏密，人们都慕名前来祝寿，因为"山中虽有千年树，世上难逢百岁人"。大家还要为寿星立碑刻传，宗族还要将此事书于族谱，主家也要向来宾馈赠礼品等。

寿诞礼仪的许多仪式是建立在民间信仰基础上的，了解这些俗信，对于理解寿诞仪式有着不可忽视的作用。关于人的寿命的俗信很多，诸如：一些地区小孩十岁的生日由外婆家给做，称"爱子寿"；青年

族谱 又称家乘、祖谱、宗谱等。以记载父系家族世系人物为中心，是由记载古代帝王诸侯世系、事迹而逐渐演变来的。家谱是一种特殊的文献，就其内容而言，是我国五千年文明史中最具有平民特色的文献，记载的是同宗共祖血缘集团世系人物和事迹等方面情况的历史图籍。

人生遵俗

人生处世与礼俗文化

■寿堂摆设

二十岁的生日由岳父家做。"做九不做十"，即逢整十时在虚岁数九的那年做寿。有的地方"男不做十，女不做九"，"十""九"和当地方言"贼""鸠"谐音，故不做。40岁不做，因"四"与"死"谐音。

还有做冥寿的，也叫作阴寿，指祖先亡故以后，每逢整十，子孙就设神像或神位于堂中，对之行礼，设坛延僧，诵经礼忏，以此表示后人的孝念。冥寿亲戚朋友有送纸扎锭者，也有登堂拜祝的。

人们相信行善积德延年益寿，扶贫济弱、修桥补路都可以积德。不过，这做起来并不容易，所以就产生了可以积寿、增寿的象征性行为，诸如诵经礼忏、焚香祷告、庙观施舍、放生动物、抄写经卷等。

壮族则有"添寿"之举。旧时不少地方年过五六十岁的人都有寿米缸，平时总要在缸中放上几斤米，不能断，表示延年益寿。每年到新节，儿女们要选上好的白米，倒入缸中"添寿"，亦称"养缸"。缸里面的米平时不能动，只有做寿时才能舀一些出来煮干饭，敬给老人，表示儿女祝愿老人健康长寿。

民间信仰认为，寿命在天，寿数有定，该活多大年纪就能活多大年纪。因此，寿数就像个人财产一样可以出借和

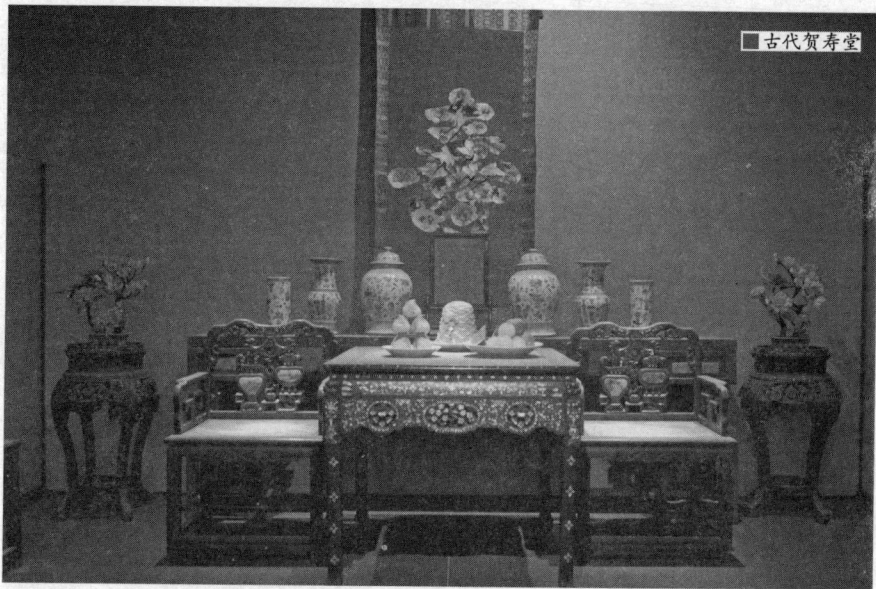

转让。"借寿"仪俗就建立在这种信念基础之上的。凡家人有病，医治无效，深知没有活命可能的时候，人们便认为此人寿到，只能借寿给他，以求延寿。

出借寿数的多是病人的子女或亲戚至友，并且必须自觉自愿，否则不会灵验。借寿时，出借寿数者要斋戒沐浴，虔诚拜祷，祈求老天爷允许借寿。如果病人出乎意料地转危为安，人们就认为老天已经准许借寿，因此要焚香许愿，答谢苍天。

我国民间习惯以百岁为上寿，80岁为中寿，60岁为下寿。从60岁开始，各地风俗每逢五、逢十，或者逢九就为当事者举行祝寿活动。

按照旧俗，每个人并不是生下来就可以有资格做寿的，做寿是一件极其重要而慎重的事，所以第一次做寿就更是慎之又慎。

在许多地方，第一次做寿都是由丈母娘来操办的。在四川西部，这叫作"开寿"；在福建、浙江一带则叫作"女婿寿"。大体情况是，在女婿婚后第一次过生日或女婿满30岁生日时，岳父岳母带着礼品到女婿家去贺寿。所带礼品有黄鱼、猪肉五千克，米酒两瓶，面条五千克，衣服两套以及桂圆、枣子、橘子等。

这些礼品各有各的含义：鱼象征"富贵有余"，米酒象征"粮食充足"，面条象征"长命百岁"，衣服象征女儿"有依靠"，桂圆、枣子寓意"早生贵子"，橘子象征"大吉大利"等。

女婿收到礼物后，要以长寿面和果品、糕饼等回敬岳父岳母，敬祝岳父岳母健康长寿。在四川等地，女婿则打酒、割肉、买菜来款待岳父岳母。

传统做寿礼俗很多。花甲寿是指60岁时做的寿。人们认为，活满一个甲子，就相当于过完了天地宇宙和人生的一个完整周期。所以，民间特别重视庆贺花甲寿诞，礼仪比普通的寿礼更为隆重。

六六寿是长江下游各省流行的一种专为年满66岁的老人做寿的寿诞习俗。当父亲或母亲年满66岁时，出嫁女儿要为自己父亲或母亲做寿。在这一天，女儿将猪腿肉切成66小块，形如豆瓣，俗称"豆瓣肉"，红烧以后，盖在一碗大米饭上，连同一双筷子一起放在篮子内，上面用一块红布盖上，由女儿女婿送给父亲或母亲品尝。肉块

人生遵俗

人生处世与礼俗文化

古代寿屏风

■乔家大院寿堂

多，寓意老人多福多寿。父母在鞭炮声中高高兴兴地美餐一顿。江南地区有"六十六，女儿家中吃碗肉"的谚语，就是指的这一习俗。

古稀寿特指70岁时的寿诞，因为唐代大诗人杜甫《曲江》诗里有"酒债寻常行处有，人生七十古来稀"的诗句，所以人们把70岁叫作古稀之年，把70岁生日做的寿诞叫作古稀寿。

过大寿是指从60岁生日开始，凡逢整十如60、70、80岁生日时举行的寿礼，都叫"过大寿"，同时也特指老人80岁生日时举行的寿礼庆典，所以又叫作"庆八十"，是流行在大多数地区的一种寿诞风俗。

人活到80岁，便被人们誉为老寿星，80岁做生日是大庆，届时子女亲友都来贺寿，送来寿幛、寿烛、寿桃、寿面、寿联等，同时设寿堂，张灯结彩，接受晚辈和亲友的叩拜、祝贺。礼毕，共享寿宴。

杜甫（712年—770年），字子美，号少陵野老，一号杜陵野老、杜陵布衣，世称杜拾遗、杜工部、杜少陵、杜草堂。原籍湖北襄阳，生于河南巩县。他是盛唐时期伟大的现实主义诗人、世界文化名人。有1500多首诗歌被保留了下来，有《杜工部集》传世。其作品对我国文学和日本文学产生了深远影响。被后人称为"诗圣"，他的诗也被称之为"诗史"。

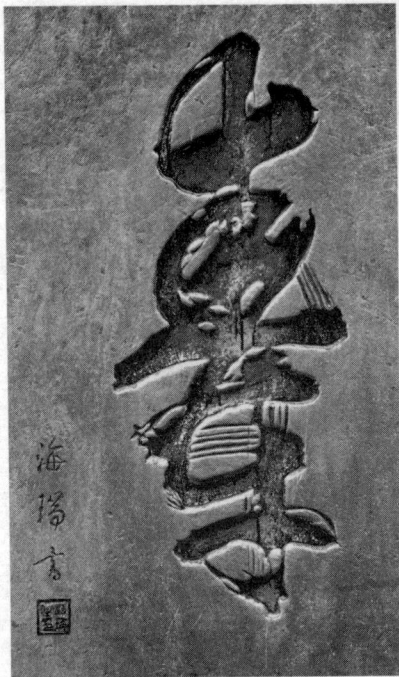

■ "寿"字书法

《诗经》是我国汉族文学史上最早的诗歌总集，收入自西周初年至春秋中叶大约500年的诗歌。《诗经》中的诗的作者，绝大部分已经无法考证。其所涉及的地域，主要是黄河流域，西起陕西和甘肃东部，北到河北西南，东至山东，南及江汉流域。

过九是指在许多地方流行一种"做九不做十"的俗信，因为民间认为："十"意味"满"，"满"则"溢"，"满"又意味完结，所以许多地方不在整十周岁时做寿，而是提前到头一年时做寿。

但是，我国许多地方又流行所谓逢九之年是厄年的说法，所以不少地方在老人生日逢九之年，一般都提前做寿，并做大庆，叫作"过九"。

例如，在江苏地区就是这样，届时在正堂挂寿幛，点寿烛，设置拜垫，寿翁接受小辈叩拜祝福。中午吃寿面，晚上亲友聚宴。宴席散后，主人向亲友赠桃，同时加赠饭碗一对，俗称"寿碗"，民间以为这样受赠者可以沾老寿星的光，有延年益寿之福。

不但59岁、69岁、79岁等所谓"明九"之年需要忌，有的地方还要忌所谓"暗九"，即为九的倍数年份，如63、72、81等。在"明九"和"暗九"之年做寿时，不但需要提前一点做寿，而且还需要有其他的化解办法。民间常用的方法是穿红衣服，小孩可穿在外面，大人则穿在里面，还要系上红腰带。

寿宴不仅是寿礼的一个重要组成部分，寿宴中的各种菜肴也都无不洋溢着浓郁的祈寿色彩。祝寿时使用最普遍的食物是酒，我国古代第一部诗歌总集《诗经》里凡是涉及祝寿的地方，几乎全都离不开酒。

因为"酒"谐音"久","祝酒"也就是"祝久",所以在后来礼俗中,甚至干脆用"奉觞""称觞"来作为祝寿的代称。"觞"是一种古代酒器的名称,"称觞"就是祝酒。

各地所用的寿酒因地而异,古代比较常见的是椒酒或椒柏酒、茱萸酒;宋代著名诗人黄庭坚有"欲将何物献寿酒,天上千秋桂一枝"的诗句,可见也有用桂花酒的,因为人们以为月桂树是不死的仙树,用桂花酒祝寿有祝福人长生不老的美意。

后来,在中原地区祝寿多用竹叶青、古井贡酒、状元红等酒,东北地区以人参酒为寿酒之上品。寿宴中所有的酒不分品种,都叫寿酒,饮时先敬寿星,然后宾客同饮。

无论南北各地,不分贫富贵贱,也不管是男女还是老少,只要是过生日或做寿,总是得吃一顿面条,这叫作吃"长寿面",送寿礼的人也常送面条。

在我国食品中,只有面条绵长。生日吃面,表示祈求延年益寿之意。寿面要求每根长达1米,每束百根以上,盘成塔形,上罩红绿纸剪纸花,备双份敬献寿星。祝寿时要把寿面放在寿案上,寿宴中必须以寿面为主。

在祝寿时,人们喜欢给寿星

黄庭坚 (1045年—1105年),字鲁直,自号山谷道人,晚号涪翁,又称豫章黄先生。生于唐代洪州分宁,即今江西省修水县。北宋书法家、诗人和词人。在书法方面,他与苏轼、米芾、蔡襄并称为"宋代四大家"。是北宋书坛杰出的代表,一代行草书风格的开拓者,对当时乃至后世影响深远。

幸福美满

人生礼俗

■《百寿图》

■松鹤长寿画

孙膑 战国初期军事家，兵家代表人物。孙膑是孙武的后代，他曾与庞涓为同窗，因受庞涓迫害遭受膑刑，身体残疾，后在齐国使者帮助下投奔齐国，被齐威王任命为军师，辅佐齐国大将田忌两次击败庞涓，取得了桂陵之战和马陵之战的胜利，奠定了齐国的霸业。著有《孙膑兵法》。

送面粉蒸制的寿桃。人们相信，寿桃会使老人长寿、年轻。在祝寿时，常悬挂有寿桃的吉祥图。

据传说，蟠桃是西王母娘娘种的仙果，枝蔓伸展3000里，3000年一开花，3000年一结果，因此蟠桃象征长寿，蟠桃配灵芝，称"仙寿"。蟠桃配蝙蝠，称"福寿"。

传说春秋战国时期著名军事家孙膑18岁离开家乡齐国，到千里之外的云蒙山拜鬼谷子为师学习兵法，一去就是十二年。有一年五月初五，孙膑猛然想起当天是老母80岁生日，于是向师傅请假回家看母亲，鬼谷子便摘下一个桃送给孙膑说："这桃我是不轻易送人的，你在外学艺未能报孝母恩，我送给你一个回去给令堂上寿。"

孙膑家里这天大摆酒宴为老母亲庆寿。孙膑回来了，他从怀里捧出师傅送的桃给母亲说："今日告假回来，师傅送我一个桃孝敬母亲。"

老母亲接过桃吃了一口就说："这桃子比蜂蜜还甜啊！"

孙膑母亲桃还没吃完，容颜就变了，以前雪白的头发变成了如墨的青丝，昏老的双眼变得明亮了，掉了的牙又长了出来，脸上的皱纹也不见了，走路也不用拐杖了。

人们听说孙膑母亲吃了桃变年轻了，也想让自己的父母长寿健康，便都仿效孙膑，在父母生日的时候送鲜桃祝寿。但是鲜桃的季节性强，于是人们在没有鲜桃的季节用面粉做成寿桃给父母拜寿。由此可见，寿桃实际上是老年人的一种吉祥物。

鹤被视为羽族之长，民间称之为"一品鸟"，仅在凤凰之下。传说鹤寿量无限，被视为长寿之王。龟因其长寿也被人们视为长寿象征。松树终年长青，是斗严寒抗风霜，生命力极强的植物，其树龄很长，可达数千年，民间也常用松树代表长寿。

这一类常见吉祥物常搭配在一起表示长寿。松鹤在一起叫"松鹤长寿""鹤寿松龄""松鹤延年""松鹤遐龄"。鹤与龟画在一起，叫"龟龄鹤寿""龟鹤齐龄""龟鹤延年"。如果画众仙仰望寿星跨鹤，叫"群仙献寿"，画鹤、鹿、梧桐叫"六合同春"，而鹤立岩石边叫"一品当朝"。人们常在寿星图或有关长寿的图案中见到这几种动植物。

五瑞图象征长寿，古人常画来祝寿祈福求平安。这五瑞指：椿树、萱草、芝兰、磐石和竹。

椿树代表高寿。《庄子》中记载上古有大椿，以人千岁为春，以八千岁为秋。后来人们把椿树视作长寿象征。

鹤 寓意延年益寿。在古代是一鸟之下，万鸟之上，仅次于凤凰，明清一品官吏的官服编织的图案就是"仙鹤"。同时鹤因为仙风道骨，为羽族之长，自古就被称为是"一品鸟"，寓意第一。鹤代表长寿、富贵，据传说它享有几千年的寿命。鹤独立，翘首远望，姿态优美，色彩不艳不娇，高雅大方。

幸福美满

人生礼俗

■寿星图

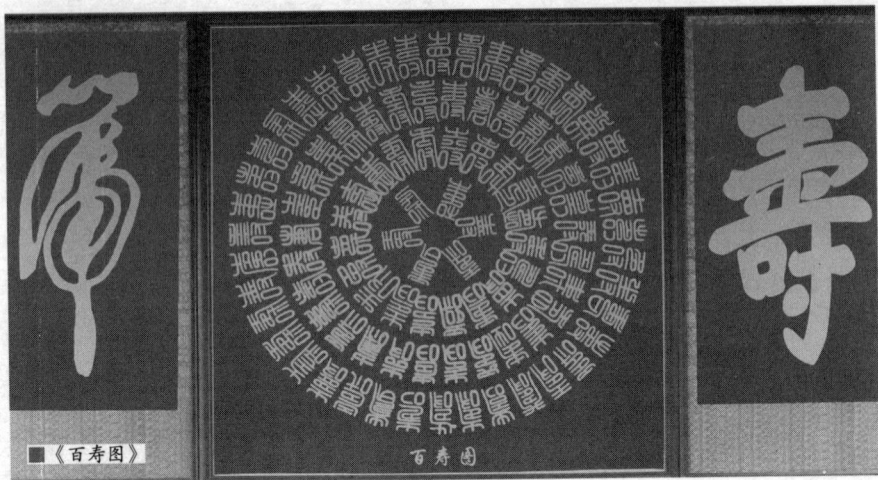

《百寿图》

百寿图

　　萱草又叫忘忧草。据说能使人忘忧。芝兰是一种种于庭阶的家养植物，比喻子孙是养于家中而不是野生。磐石是又扁又厚的大石头，放在地上屹然不动。古人诗中有"君当为磐石，妾当为蒲苇；蒲苇韧如丝，磐石无转移"的诗句。后人就用磐石表示稳固。又因磐石坚实、长久不坏，有"寿石"雅号，也被人们视为长寿象征。

　　竹子象征平安，古人以竹板作纸写信回家，说在外百事咸宜，就称"竹报平安"，后人又在信笺上印有竹枝或竹叶，以代语"平安"。

　　在春节之时，如果家里挂上一幅《五瑞图》，象征着这家在新的一年里长寿无忧，子孙昌隆，家基稳固，百事平安。

　　因此，我国的民间把《五瑞图》作为自己的家庭吉祥物，以此使家庭得到庇护。后来，每逢春节，不少家庭仍然挂上《五瑞图》，当然是想讨个吉利了。

　　"寿"字本来是个普通的汉字，但由于人们长寿的观念使它远远地超越了一般汉字，不仅字意延伸丰富，而且字体变化多端，在寿的文字图像上人们也大做文章而把它图案化、艺术化了，变成了一种长寿吉祥物。

　　据统计，寿字有300多种图形，包括单字表意的图案。如字形长的叫长寿，字形圆的叫圆寿。还有多字表意的图案，如"百寿图""双百寿图""五福捧寿"等。这些寿字图案广泛地应用在日常生活中，家具、建筑、器皿也常常绘有"寿"字图案。

上了年纪的人，常穿有寿字的衣服，枕绣有寿字的枕头，盖的是织有寿字的被。北方农村的炕围画中也常绘寿字，房子的椽头漆有寿字。实际上，还有的在进院门的墙壁雕寿字或鎏金百寿图等。

寿幛是用绸布题字为祝寿之礼，一般用大红色。寿幛上的字一般简短，一般仅一"寿"或"寿比南山"之类。字一般用金纸剪下贴上，也有用玻璃框装上，叫"寿屏"。

寿联即贺寿用的对联，一般写上吉祥平安、长寿不老等含义的句子。月季四季开放，连绵不断，称为四季花或长春花。故而，月季有长寿的意义。月季配花瓶，称为"四季平安"。

所有这些，都反映了中华民族追求健康长寿，希望用"寿"这一吉祥护符来保佑自己的美好愿望。

阅读链接

过生日源于一个民间传说：有个少年家境贫寒，和年过七旬的老母亲相依为命。一次，少年突然得了一种不知名重病，家里无钱医治。奄奄一息之际，有人告诉了他一个方法，称某月某日，"八仙"将路过此地，可备上酒水以求他们帮助。少年依计行事，果然见到了"八仙"，治好了怪病。

"八仙"临别时告诉少年说："今日是你再生之日，此后每年今日予以庆祝，定可长寿。"消息传开后，过生日置酒请客逐渐成为了一种习俗，流传开来。

完整而繁杂的丧葬仪礼

丧葬是人的最后一次仪礼，也是人们悼念逝者的仪式。古人对丧葬的仪节十分重视。据记载，早从周代开始，丧葬就有了一套完整而繁杂的程序。

古人临终时称"属纩"。据《礼记》记载，人到病危之时，要给其脱掉内衣，换上提前准备好的寿衣。病危之际穿寿衣是因为人临终

祭奠诸葛亮

时身体不僵，便于穿戴。将很轻的新絮放在弥留者的口鼻上，测看是否断气。如果不见新絮摇动，病人就是去世了，这才可称"卒"。后来"属纩"就成了临终的代名词。

人刚刚去世不能立即办丧事，要为逝者招魂，称"复"。行复礼时，由一人拿着死者上衣登上屋顶，面向北方连喊三次逝者名字，再把逝者上衣卷起投到屋前，下面有人接住并覆盖到逝者尸体上。

古代葬礼

行复礼是"尽爱之道也，望反诸幽，求诸鬼神之道也"。就是说，生者不忍心亲属逝去，希望通过祈求鬼神，使逝者灵魂重新回到身体上。复而不醒，然后才办丧事。

办丧事，首先要为逝者沐浴，沐是洗头，浴是洗身。沐浴时用盆盛水，用勺子舀水往尸体上浇洒，用细葛绨巾洗擦，还要剪指甲和修胡须。负责沐浴的人，如逝者为男性用男侍者，女性用女侍者。逝者的亲属则在沐浴时暂时退出屋外。

沐浴是为了帮助逝者干净地离开人世，其习俗《礼记·丧大记》就有记载，而且一直沿袭到后代。据《晋书》记载，王祥将死，戒其子曰："气绝但洗手足，不须沐浴。"由此可见，逝者如果没有特别的遗嘱，一般在去世后都是要沐浴的。

沐浴之后便是入殓，即给逝者穿衣下棺。《礼记·丧大记》和《仪礼·士丧礼》都对入殓的仪节有具体记载。

殓有大殓、小殓之分。小殓是指给逝者裹上衣衾，时间在去世的次日早晨。大殓是把尸体放入棺内，时间在小殓的次日。不论小殓或

■ 包拯的棺墓

《晋书》"二十四史"之一，唐代房玄龄等21人合著。编写时间晚于南北朝时期的《南齐书》《宋书》等。记载的历史上起三国时期司马懿早年，下至东晋刘裕420年废帝自立，以宋代晋。该书同时还以"载记"形式，记述了十六国政权的状况。

大殓，孝子及亲属都要在旁边，并依礼仪多次哭诵，以表哀痛。至清代，民间已将大小殓合并为一，统称入殓。

入殓时有"饭含"的丧仪。饭是在死者口中放入米、贝；含是在死者口中放入珠玉。饭含因尊卑不同而有所区别。关于饭，规定"君用粱，大夫用稷，士用稻"；"天子饭九贝，诸侯七，大夫五，士三"。关于含，据西汉刘向《说苑·修文》载："天子含实以珠，诸侯以玉，大夫以玑，士以贝，庶人以谷实。"上述饭含的物品是当时的规定，后来饭含所用之物历代是有变化的，如宋代始还有含钱的。

逝者入棺后，孝子和亲属最后要瞻谒遗容，放声大哭，以示诀别。待棺上加盖，在灵座前行祭奠礼后，入殓的仪式才算结束。

尸体入殓后，要有一段时间停柩待葬，叫作"殡"。据载，夏代殡于东阶，殷商殡于两楹间，而周代一般是在堂的西阶掘一坎地停柩。西阶是客位，亲人逝世不愿让其早早离去，停在家中像对待宾客似的对待死者，故称殡。

春秋时还有殡于祖庙的礼仪。《左传·僖公三十二年》载，晋文公去世后，"殡于曲沃"。曲沃是晋国宗庙所在地，殡于庙显得更为隆重。后代民间也有另搭灵棚，停放棺柩的。

殡的时间长短不一。周代一般是天子七个月，诸侯五个月，大夫三个月，士庶人逾月而葬。但也有长达三年的，如据《淮南子》记载，周文王去世后，"治三年之丧，殡文王于两楹之间"。后世，封建帝王殡期无定，而品官多规定三个月而葬。

丧礼的高潮是出殡，即送葬。先秦出殡日期尚无特别讲究，汉魏之后，丧俗受佛教、道教影响，须选择吉日。这时的仪节是白衣执绋。绋是拉柩车的绳子，由亲友帮助拉，《礼记·曲礼上》说"助葬必执绋"。

据《周礼·地官·遂人》及《礼记》的《丧大记》《杂记下》记载，天子送葬用六根大绳挽车，叫六绋，执绋者约达千人；诸侯用四根绋，五百人；大夫用两根绋，三百人。执绋原意是帮助拉灵车，后世在出殡人的行列两旁拉开两根绳子，就是古代执绋的遗制。

送葬时挽柩的人还要唱挽歌。最早的挽歌见于《左传·哀公十一年》："公孙夏命其徒歌《虞殡》。"《虞殡》就是送葬歌曲。后来挽歌逐渐流行，如《晋书·礼志》所说："汉魏故事，大丧及大臣之丧，执绋者挽歌。"

■大足石刻佛祖抬棺

挽歌通常用固定的词曲，也可以临时编创词句。如《北史》卢思道传载："文宣王崩，当朝文士各作挽歌十首，择其善者而用之。"后代的挽联也是从挽歌演变而来的。

到了元代，出殡的仪节又有发展。据《马可·波罗行纪》对杭州丧仪的描述，送葬队伍中还有鼓乐队，一路上吹吹打打，僧侣们则高声念诵经文。到达葬地后，将许多纸扎的男女仆人、马、骆驼，金线织成的绸缎及金银货币投入火中。当这一批东西焚化完后，鼓乐齐奏，喧哗嘈杂，经久不息。

我国古代用棺材土葬是最主要的葬式。为了较好地保存尸体，贵族死后的棺木大多有棺与椁两部分。棺指内棺；椁指外棺，是套在内棺之外用来保护内棺的，周代天子和诸侯的棺椁可达三四层。

土葬是我国中原地区占主导地位的葬式。此外，还有火葬、水葬、风葬、塔葬、天葬、野葬、悬棺葬、床下葬等多种葬式。各种葬式分别实行于不同地区，用于不同情况的死者。如水葬多用于夭折的小孩和患传染病而死的贫民，塔葬则是藏族大活佛的葬式。

阅读链接

天葬，又称鸟葬、空葬，是藏族一种古老风俗，也是最普遍的葬法。天葬台是佛教密宗大师所首创。西藏著名的天葬台之一止贡寺天葬台，就是止贡噶举派的相师仁钦贝所开辟的。

相传仁钦贝在禅定中发现止贡山是位魔女身，东山似观世音菩萨，南山如毗卢遮那佛，西山如金刚佛，北山如妙音女神，四面山峰的周围有八个林子，如同印度的八大尸林，居住着八个神祇、食肉罗剎、骷髅鬼等，在林子之间神出鬼没。

他还看到八个林子间发出极强的光芒，在这片光亮中，他发现有一块五彩缤纷的圣石竖在那里，上面以天然花纹写着六字真经，如能在此天葬，圆寂后就可由观音菩萨引入天界。仁钦贝圆寂前宣布了他的发现，并在止贡寺附近建天葬台。

日常礼俗

　　人活在这个世界上就免不了与人交往，与人接触，就要懂得待人接物、学会为人处世。这看似是一件平常得不能再平常的小事，但是却大有学问。我国自古就有重礼讲礼的传统，总结出了许多日常生活中的礼仪规范，并成为了全社会共同遵守的习俗。

　　每一个社会成员从饮食起居到言谈举止，都必须遵循一定的礼仪，如社交礼俗、盟誓礼俗、日常礼俗、宾客礼俗、饮食礼俗等。只有这样，才能得到别人的敬重，也才能有很多彼此相通的朋友。

坐立行走的礼仪习俗

　　席地而坐是古人的起居习俗，其由来已久，早在商周时期就已如此。其延续时间也很长，至少保持到唐代。所谓席地而坐，就是在地上铺张席子坐在上面。

■春秋时坐姿

席又分为"筵"与"席"两种。筵是竹席，形制较大，是为了隔开土地，使地面清洁而铺设的，故只铺一层。因为室内满铺着筵，整洁美观，所以人们进室内要先脱鞋，以免将污泥尘土带入室内，踏脏铺筵。这就形成一种礼节，在室内是不应穿鞋的。

据《吕氏春秋》至忠篇载，春秋时期，有一次齐王生病，名医文挚运用激怒他的方法为其治病，不脱鞋就进了内室，齐王见文挚"不解屦"进室，且"登床，履王衣"，勃然大怒，结果郁结之气排出，病也好了。

■春秋时孔子讲学坐像

生活规范

日常礼俗

不仅是鞋，古人为了表示对主人的尊重，入室连袜子也不能穿。《左传》载，一次卫侯与大夫们饮酒时，褚师声子穿着袜子就登上席子，卫侯一见大怒。褚师声子连忙解释，说自己脚上有疮，和别人不一样，如让君王看到会恶心的，因此不敢脱袜。卫侯更加生气，虽然大夫们都纷纷劝解，卫侯仍然认为这是对自己不恭，是绝对不许可的。直到褚师声子无奈退出，卫侯还把手叉在腰上忿忿地说："一定要砍断你的脚！"可见，古人对入室脱袜的礼节也十分看重。

狭义的席一般用蒲草编制，呈长方形，置于筵上，是为了隔潮而垫坐在身下，故可铺几重。《礼记·礼器》说，"天子之席五重"，而诸侯用三重，大夫两重。贫苦人家可以无席铺垫；对于贵族来说，居必有席，否则就是违礼。

《左传》 全称《春秋左氏传》，是我国古代最早一部叙事详尽的编年体史书。汉朝时又名《春秋左氏》。汉朝以后才多称《左传》。与《春秋公羊传》《春秋谷梁传》合称"春秋三传"。相传是东周春秋末期鲁国史官左丘明所著。

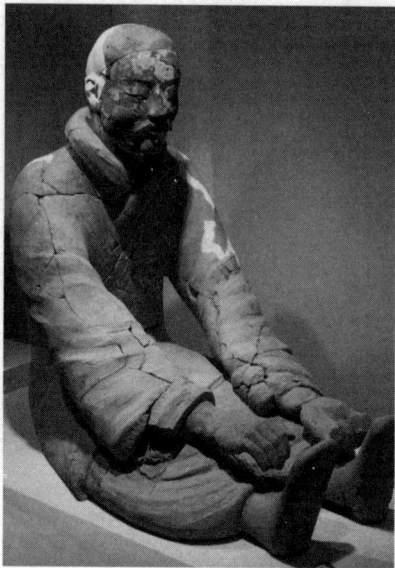

■ 箕踞姿俑

瑟 我国古代弹弦乐器，共有25根弦。古瑟形制大体相同，瑟体多用整木斫成，瑟面稍隆起，体中空，体下嵌底板。瑟面首端有一长岳山，尾端有三个短岳山。尾端装有四个系弦的柄。首尾岳山外侧各有相对应的弦孔。另有木质瑟柱，施于弦下。最早的瑟有50根，故又称"五十弦"。

坐席也有许多讲究。如《礼记》规定："父子不同席"，"男女不同席"，"有丧者专席而坐"。已经坐在席上，对尊者自表谦卑就要让席。另外，还要求"席不正不坐"。所谓正，是指席子的四边应与墙壁平行。强调席正，是为了表示庄重。《礼记·曲礼上》还规定："为人子者……坐不中席。"

古代一席坐四人，共坐时席端为尊者之位，独坐时则以中为尊，故卑者不能居中，既为人子，即使独坐也只能靠边。如果有五人以上相聚，则应把长者安置于另外的席上，称为"异席"。

古人坐的姿势是两膝着地，两脚脚背朝下，臀部落在脚踵上。如臀部抬起上身挺直，就叫跽，又称长跪，是将要站起来的准备姿势，也是对别人尊敬的表示。《论语·先进》记曾晳见到老师孔子，即"舍瑟而作"，就是指他放下瑟，从席地而坐到耸身直腰，以示恭敬。

还有一种极随便的坐法，叫"箕踞"。其姿势为两腿分开平伸，上身与腿成直角，形似簸箕。如有他人在场而取箕踞的坐姿，是对对方的极不尊重。《史记·刺客列传》记荆轲刺秦王未遂，"自知事不就，倚柱而笑，箕踞以骂"，反映了荆轲对秦王的傲视。所以一般情况下，要求"坐毋箕"。

唐宋以后，桌椅开始进入人们的生活，席地起居的习惯逐步有所改变。但是，桌椅的流行直到宋代在上层社会还有颇大的阻力。陆游《老学庵笔记》卷四记载："徐敦立言：往时士大夫家妇女坐椅子、凳子，则人皆讥笑其无法度。"可见，北宋时期士大夫家内的妇女还不得坐椅子，否则即被视为不懂规矩。

古人对站立要求"立如齐"，"立勿跛"，"立不中门"。是说站立必须不跛不倚，取立正姿势，而且不能站在门的中间。如果接受别人的礼物，则必须站着不可坐下，以示尊重。

至于走路规矩更多。如《礼记·曲礼上》说："堂上接武，堂下布武，室中不翔。""武"即足迹，"接武"指向前迈一只脚在紧挨着后一只脚处落地，也就是脚印一个接一个；"布"即散布、分布，"布武"指足迹不相连接。堂上面积小，走路不能迈大步；堂下地方大，不必有所顾虑。"翔"的本义是飞翔，这里是比喻的说法，意思是在室内走路时臂的摆动要小，不要像鸟飞那样挥动双臂，这也是因为室内空间小，"翔"则会碰到别人。

在一些特定场合，卑者、贱者、晚辈、主人要按照礼法的规定，用"趋"，即快步行走的方式向尊者、贵者、长辈、宾客表示恭敬。

据《论语·乡党》载，一

109

生活规范

日常礼俗

■清代礼节

次孔子应鲁君诏去接待外邦贵宾，他神色庄重，不但拱手弯腰，而且"趋进，翼如也"，意思是快步前行，肥大的袖子自然飘起，姿态漂亮得像舒展双翅的飞鸟。这是宾礼中的"趋"。另一次，孔子去朝见鲁君，上殿跪拜如仪之后，"没阶"，又"趋进，翼如也"，再退归班位。这是朝拜时的趋礼。

《史记·叔孙通列传》还描写了汉高祖刘邦当皇帝后，叔孙通教习礼仪，百官依照朝仪礼节群"趋"的情况。朝拜的趋礼一直保持到清代，当时臣下朝见王侯都要放下马蹄袖，急行数步，跪下参拜。"趋"也是古人日常生活中常用的一种传统礼节。

《论语·子罕》载，孔子会见穿丧服、着冕服的人及盲人时，即使年龄比自己小，也要从座位上站起来；走过这些人时，则要急步快行以示礼貌。

另外，晚辈从长辈面前走过也要"趋"。《论语·季氏》记载了孔鲤曾两次"趋而过庭"的事，这是因为其父孔子此时正独立于庭中。后世老友相见，或迎接客人，也往往快步走向对方，握手问候，以示热情欢迎，这大概也属于"趋"的遗风。

阅读链接

在古代关于礼仪的故事有很多，杨时就是，他是北宋时一位很有才华的才子，中了进士后，他放弃做官，继续求学。程颢、程颐兄弟俩是当时很有名望的大学问家。

一天，大雪纷飞，天寒地冻，杨时碰到疑难问题，便冒着凛冽的寒风，约同学游酢一同前往老师家求教。当他来到老师家，见老师正坐在椅子上睡着了，他不忍打搅，怕影响老师休息，就静静地侍立门外等候。当老师一觉醒来时他们的脚下已积雪一尺深了，身上飘满了雪。老师忙把杨时等两人请进屋去，为他们讲学。后来，"程门立雪"成为了广为流传的尊师典范。

衣冠服饰的穿戴礼俗

衣冠服饰在社会生活中形式最为外露，最易表明一个人的身份地位。自从夏、商朝开始，衣着已有了一定的规矩，到周代就逐渐形成了一套冠服制度。此后，帝王后妃、达官贵人以至黎民百姓，衣冠服饰由于身份地位的差异而各有不同。不同场合的衣着也有了特别的讲究。

■ 镂空凤鸟金冠

冠是一般贵族男子所戴的帽子。古代男子20岁举行冠礼后，冠就成了已经成人的标志，所以公开场合都要戴冠。该戴冠而不戴是非礼的行为。据《后汉书》马援传中记载，马援未做官时，"敬事寡嫂，不冠不入庐"。这说明有教养

■古代官员服饰

的士人以不戴冠为不礼貌。

《左传·哀公十五年》记述卫国内乱，孔子的弟子子路在混战中被戈击伤，其系冠的缨亦被砍断。在此生命攸关的危急时刻，子路还说："君子死，冠不免"，忍着剧烈的伤痛重新结好冠缨，方才死去。可见，子路对戴冠比生命看得还重。

天子、诸侯以及大夫祭祀时戴的冠称冕。冕的形制与一般的冠不同，其上面是一块黑色的长方形木板，称为"延"，下面与冠相连戴在头上。延的前后沿挂着一串串的小圆玉，称作"旒"。

旒的数量因身份不同也有差别。据文献记载，天子的冕前后各十二旒，诸侯则九旒，上大夫七旒，下大夫五旒。汉代之后，只有皇帝才能戴冕有旒，于是"冕旒"就成了皇帝的代称。

古代除儿童和少数民族外，庶人与罪犯也不戴冠，故士人摘冠就有降低身份的意思。《史记·魏公子列传》记载，平原君赵胜得罪了信陵君魏公子无忌，信陵君打算离开赵国。当平原君得知是自己错怪了信陵君后，"免冠谢，固留公子"。其摘下冠是表示自己有过错，以此形式自贬身份。

至于庶民，不得戴冠，只能覆以帻。《汉官仪》："帻者，古之卑贱执事不冠者之服也。"帻就是包束头发的巾，庶人佩戴的帻一般是黑色或青色的，因此秦称百姓为"黔首"；汉称仆隶为"苍头"。由于帻本身有压发定冠的作用，所以后来发展到贵族也戴帻，不过在帻上还要加冠。后来又出现了有顶的帻，戴这种帻可不必加冠。

唐宋以后，戴冠的等级开始混淆。如隋唐时期的幞头已为官服，但到宋代一般男子也都戴这种帽子。于是统治者又开始在冠饰上做文章。用冠饰区别等级，以清代的顶子、花翎最为典型。

顶子又称"顶戴""顶珠"，是清朝百官缀于朝冠、吉服冠顶上的不同颜色的宝石等饰物。据《清会典》载，一品官员顶子用红宝石，二品用珊瑚，三品用蓝宝石，四品用青金石，五品水晶，六品砗磲，七品为素金顶，八品阴文镂花金顶，九品阳文镂花金顶。

花翎是用孔雀翎毛制成的冠饰，插在礼冠上，垂于冠后，用来装

■秦代官民服饰

贝勒 全称"多罗贝勒"。顺治六年规定，亲王一子封亲王，余子封郡王。郡王一子封郡王，余子封贝勒。贝勒之子封贝子，贝子之子封镇国公，镇国公之子封辅国公，辅国公之子授三等镇国将军。其后又有所修改。这些因系"天潢近支"而封世爵的皇子王孙，称为"恩封诸王"。

饰和区别官员等级。花翎分为单眼、双眼和三眼，翎眼多者为贵。

据《清史稿·礼志》与《清会典事例·礼部》记载，皇室成员中爵位低于亲王、郡王、贝勒的贝子与固伦额驸，有资格戴三眼花翎；清宗室和藩部中被封为镇国公、辅国公的贵族，还有和硕额驸戴双眼花翎；五品以上官员和在皇宫的内大臣，以及前锋、护军各统领、参领戴单眼花翎。而六品以下官员只能戴蓝翎，这是以鹖羽制成染为蓝色的一种饰物。顶子和花翎按规定都不得僭越。官员如被革职，就以摘去顶戴花翎作为标志。

商周时期，衣服款式通常是上衣下裳，裳即裙子，不分男女都可穿用。贵族在裙子外再多系一片革制或丝绣的斧形服饰即是身份尊贵的标志。到春秋之际，上衣下裳被连接起来，下面垂到踝部，称为"深衣"。深衣制作时仍上下分裁，然后再缝到一起。其下裳共用十二幅，以应每年有十二月之意，表示古人对天时的崇敬。

深衣的用途广泛，诸侯、大夫、士既可在家居时穿着，又可在晚朝时穿用。庶人一般穿褐，但也可用深衣作为礼服。深衣对后世服饰影响很大，后世的连衣裙也是由深衣沿革而来的。

■清代顶戴花翎

古代御寒的冬服有裘、袍等。裘是皮衣，兽毛在外，亦要依等级穿用。古代以狐裘为贵，主要供君王及贵族穿用。狐裘又分狐白裘、狐青裘、狐黄裘、狐苍裘等。据《白虎通义·衣裳篇》说："天子狐白，诸侯狐黄，大夫服苍。"而士一般穿虎裘、狼裘或羔裘，庶人则只能服犬羊之裘。裘衣平常可直接穿用，但在举行礼仪与会客时要在裘衣外再加穿裼衣，即罩衣，否则将被视为失礼与不敬。

袍最初是装填乱麻和旧丝棉的厚长衣，为贫困者穿用的衣服；汉代之后出现了绛纱袍、皂纱袍等，袍才成为朝礼服。所以，先秦时期穿裘还是穿袍，是有着富与贫的显著差别的。

秦汉之后，为了维持统治秩序，衣着等级制度日益完善。各级官吏与庶民在衣着服饰上，从式样、用料到颜色、花纹，都有明显的不同，不能有差错。

如唐宋以后，龙袍与黄色就成为皇室的专用服色，"黄袍加身"已成为登上皇帝宝座的代用语，所以其他人绝不能僭用，否则将被视为"大逆不道"。其他官员，"一品至四品，绯袍；五品至七品，青袍；八品九品，绿袍。"而平民百姓则禁止用大红和鸦青色，以免与官服相混。

服饰的等级在礼服和官服上的表现尤为明显。古代帝王及高级官员的礼服上绣有十二种纹饰，即日、月、星辰、群山、龙、华虫、

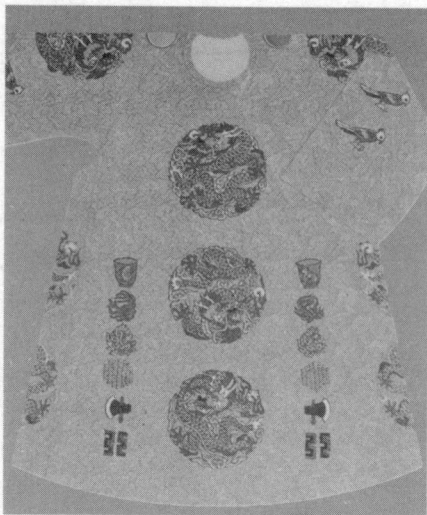
明代龙袍

麒麟 是我国古籍中记载的一种动物，与凤、龟、龙共称为"四灵"，据说是神的坐骑。我国古人把麒麟当作仁兽和瑞兽。雄性称麒，雌性称麟，是一种吉祥的神兽，主宰太平和长寿。因为有深厚的文化内涵，我国传统民俗礼仪中，被制成各种饰物和摆件用于佩戴和安置家中，有祈福和护佑的用意。

火、宗彝、藻、粉米、黼、黻，通称十二章纹。这些纹饰均有象征性含义。

据古人分析，日、月、星辰象征光临照耀；山象征安静镇重；龙象征随机应变；华虫象征有文章之德；火象征光明；宗彝象征忠孝；藻象征洁净；粉米象征济养；黼象征决断；黻象征君臣相济，背恶向善。

十二章纹由来已久，大约在周代已经形成，但在秦以前只是服装上的吉祥纹饰。直到东汉时期，章服制度作为封建礼仪制度中的一个重要组成部分才真正确立。从此以后直到清代，十二章纹一直作为帝王百官的服饰。

章纹用法各个朝代虽然有些出入，但大同小异。比如在唐代，621年，朝廷发布诏令，宣布车舆、服装之令，"上得兼下，下不得拟上"，违者治罪。其具体规定：天下只有皇帝可用十二章；皇太子及一品官员之服用九章，"龙、山、华虫、火、宗彝在衣，藻、粉米、黼、黻在裳"；二品之服用七章，"华虫、火、宗彝在衣，藻、粉米、黼、黻在裳"；三品之服用五章，"宗彝、藻、粉米在衣，黼、黻在裳"；四品之服用三章，"粉米在衣，黼、黻在裳"；五品之服用一章，"裳刺黻一章"。

明清时期，皇帝的朝服仍然采用十二章纹，而文武官员则改章服为补服。补服也叫作补褂，是在常服上另加徽识，称为"补子"，缀于前胸和后背上，以金线和彩丝绣成，使人一望便知其官衔和品级。

明代洪武年间规定：公、侯、驸马、伯补子绣麒麟、白泽。文官的补子用鸟类图形，其中一品文官绣仙鹤，二品绣锦鸡，三品用孔雀，四品云雁，五品白鹇，六品鹭鸶，七品鸂鶒，八品黄鹂，九品鹌鹑。武官的补子用兽类图形，其中一品武官绣狮子，二品亦用狮子，三品用虎，四品用豹，五品熊罴，六品、七品用彪，八品犀牛，九品海马。

明清补子纹样有几次小的变化，但其区别等级的性质是一样的。清代宗室贵族补子上绣有龙、蟒，表示身份更高。

如皇子补服，正面金龙补子四个，前胸、后背及两肩各一个；亲王补服，金龙四个，前后补子为正龙，两肩补子为行龙；郡王补服，行龙补子四个，前后及两肩各一个；贝勒补服，前后各一个补子，图案为正蟒；贝子补服，亦前后各一个补子，图案为行蟒。

文官补子。自左至右，再自上而下。上一品鹤，二品锦鸡，三品孔雀，四品雁，五品白鹇，六品鹭鸶，七品鸂鶒，八品鹌鹑，九品练雀，都御史獬豸。

上面的补子是较简单的，实物要比它华丽得多，有闪金地

九品 我国古代官吏等级。始于范晋时期。指把官员分成9等，即上上、上中、上下、中上、中中、中下、下上、下中、下下。北魏时，每品各分正、从，第四品起，正、从又分上、下阶，共30等。唐、宋时文职同北魏，武职三品起分上、下阶。隋、元、明、清时文武均同，留正、从品，无上、下阶，共18等。

■清代刺绣蟒龙袍

蓝、绿深浅云纹，间以八宝、八吉祥的纹样。四周加片金缘。如禽鸟大多用白色，兽类如豹则用橙黄的豹皮色等。一般长宽相等，作正方形，在29厘米间武官补子，自左至右，再自上而下。上武一品麒麟，二品狮，三品豹，四品虎，五品熊，六品彪，七品八品犀，九品海马。亲王五爪金龙，从耕农官彩云捧日。

官服一般是在履行公务和参加典礼时穿着，平时官吏亦可穿便服。何时穿什么服饰也都有礼仪规定，不能乱穿。官吏不论上级下级，如正式见面，一方穿官服另一方也应穿官服接待。下级穿官服拜见上官，上官如不穿官服接见，便为失礼，下官甚至可以拒绝参见。

另外，古代服饰的颜色有素色与喜色之分。一般白色、黑色、灰色、蓝色为素色，红色中大红、朱红、粉红等属喜色。按照礼节，素色与喜色的服装要根据不同情况穿用。如穿素服到喜庆场合，或穿大红喜服到丧葬场所，均为失礼。

如《红楼梦》第四十三回，写贾宝玉先是"遍体纯素"，到城外水仙庵给金钏儿烧香祭奠；回来后到怡红院"忙将素衣脱了，自己找了颜色吉服换上"，再去大花厅为凤姐祝贺生日，行礼吃酒。这样才算是"礼数周全"。

阅读链接

瑶族在风俗习惯方面一直保持本民族传统特点，尤其在男女衣着上更为明显。瑶族妇女善于刺绣，在衣襟、袖口、裤脚镶边处都绣有精美的图案花纹。发结细辫绕于头顶，围以五色细珠，衣襟的颈部至胸前绣有花彩纹饰。男子则喜欢蓄发盘髻，并以红布或青布包头，穿无领对襟长袖衣，衣外斜挎白布"坎肩"，下着大裤脚长裤。

瑶族男女长到十五六岁时，就要换掉花帽改包头帕，标志着身体已经发育成熟了，该到谈情说爱的年龄了。

饮酒进食的礼仪习俗

　　古代饮食方面的礼俗主要表现在宴会上。在举行宴会时，座位要分尊卑主次，敬酒也要依照宾客的身份地位区别先后。

　　在古代，最为盛行的宴会礼仪是乡饮酒礼。据儒家经典《周礼》载，周代的乡饮酒有三类。一是古之乡学三年业后进行大比，考察其

■辽代契丹宴饮图

《仪礼》又名《礼经》《士礼》，为儒家"十三经"之一。内容记载着周代的冠、婚、丧、祭、乡、射、朝、聘等各种礼仪，其中以记载士大夫的礼仪为主。可供了解与研究上古社会的民俗民风、政治经济、宗教文化、伦理道德、语言状况等，具有重要的文化价值。

德艺，将贤能者举荐给君主。在确定人选后，由乡大夫设宴以宾礼相待，并请本乡年高德劭者作陪，称乡饮酒。二是党正在每年腊祭时宴请乡民，以正齿位。三是州官于每年春秋两季的学校习射前，宴请乡邻。

唐代以后，乡饮酒逐步演变成了地方官欢送进京赴考的乡贡或款待乡试中试举人的宴席。

举行乡饮酒时的座位，据《仪礼》记载，主宾设于西北，介宾设于西南。因为古人认为，"天地之尊严气"，"始于西南而盛于西北"，这种安排表示对宾客的尊重。主人则坐于东南面作陪。

开宴时，先由主人向宾敬酒，宾还敬主人，主人再敬宾；然后主人敬介宾，介宾还敬主人；最后主人向众宾敬酒。在行酒时一般还要有音乐相伴。

乡饮酒一直延续到清代，且比之周代又增加了许

■佚名的《夜宴图》

多程序，但基本仪节未变。

至于其他宴会，虽然不像乡饮酒那样有固定的程式，但也都要分上座、陪座、下座，或分主座、客座，互相以礼让座。当然，上述座位的划分是同一阶层之人在礼节上的区别，而主仆之间是不可同桌进食的，即使主奴之间关系非常亲密也不敢僭越。

如《红楼梦》第十六回，写贾琏与凤姐在房中吃酒，贾琏乳母赵嬷嬷进来，让她上炕吃酒，"赵嬷嬷执意不肯"。平儿就在炕沿设了一几，赵嬷嬷在脚踏上坐了，贾琏拣肴馔给她，让她放在几上自己单独吃用。

无酒不成席，在宴会上主人与宾客之间互相敬酒是必不可少的。据《仪礼》载，周代敬酒已有了一整套礼节程序，并有专用名词。如主人首先向宾敬酒谓之"献"，宾作为回报向主人敬酒叫作"酢"，主人先饮酒并以此向宾劝酒叫作"酬"，以上称为"正献"。

正献礼节之后，宾依礼可以表示要离去，主人则派人举起斝上酒

的觯挽留。随即众宾以酒交错相酬，叫作"旅酬"。旅酬之后，"宾主燕饮，爵行无数，醉而止也"，叫作"无算爵"。

敬酒的酒器也有区别，"献"酒与"酢"酒用爵，"酬"酒用觯，而"旅酬"酒则只能用尊。为区分尊卑、男女，还规定"凡饮酒，君臣不相袭爵，男女不相袭爵"，即君臣、男女酒器不可混用。

在饮食方面，古人也有讲究清洁的礼俗。据《仪礼》等文献载，每逢举行饮酒礼时，主人向宾客敬酒前都要先进行"盥洗"，即洗手、洗爵等酒器，而且是作为敬酒礼仪中的一个程序，当面进行。

另外，先秦虽已有筷子，但只在特定场合使用。如《礼记·曲礼上》所说，"羹之有菜者用"，这是因为"其菜交横，非梜不可"。而平时人们吃饭时主要是用手捏，不用筷子和勺子等辅助工具。

所以《礼记·曲礼上》要求："共饭不泽手。"对此孔颖达疏解释说："古之礼，饭不用箸，但用手，既与人共饭手宜洁净，不得临食始捼莎手乃食，恐为人秽也。"这里所说的"捼莎"是解释"泽"，即指两手相搓以除去汗污，有此动作说明手不干净，与别人一起吃饭手不洁净也是失礼的行为。

清代人物饮食

用饭时，还有许多具体礼俗规矩。如《礼记·曲礼上》要求进餐时"毋放饭"，这是说用手从食器中取饭，即使捏得多了或沾在手上，也不能再将剩余的饭放回原食器中，以免别人嫌脏。

赴宴吃饭时，则要求"毋咤

■ 唐代诗人饮酒赋
诗的场面

食"，即吃东西时舌头和嘴不要弄出声音，因古人认为口舌作声是嫌主人食品不好的一种表示。吃鱼、肉时，要求"毋反鱼肉"，即已被自己咬食过的鱼段肉块，就是没有吃完也不应再放回原食器中，否则便被视为失礼。

宴饮过程中，还要求"毋歠醢"。歠，饮或食用的意思。醢是一种精细加工的肉酱，为款待宾客和祭祀常备的佳肴，用豆单独盛装上席，一般用其他食物蘸着吃，或配合其他食品吃用，具有调味的作用，故味道宜咸。如果宾客端起盛醢的豆歠之，则说明醢味道太淡，有怪罪主人饭菜无味的嫌疑，是对主人不恭敬的表现，亦为失礼。

上述这些宴筵进食的礼俗都有一定的合理性，因而大多为后世沿用。

古代饮食风俗还与节令有关。早在春秋时期，我

祭祀 是华夏礼典的一部分，更是儒教礼仪中最重要的部分，礼有五经，莫重于祭，是以事神致福。祭祀对象分为三类：天神、地祇、人鬼。天神称祀，地祇称祭，宗庙称享。祭祀的法则详细记载于儒教圣经《周礼》《礼记》中，并有《礼记正义》《大学衍义补》等书进行解释。

国就有了"四时八节"的观念。所谓四时，即指春、夏、秋、冬；八节是立春、春分、立夏、夏至、立秋、秋分、立冬、冬至。战国时期的《吕氏春秋》中，就有孟春之月"食麦与羊"；孟夏之月"食菽与鸡"，孟秋之月"食麻与犬"；孟冬之月"食黍与彘"的说法。

饮食讲究节令，这符合人体生理特点，如夏季饮食人喜清爽，冬令饮食人喜醇香。但什么节令吃什么食品，并形成一定的礼俗习惯，则与历代宫廷的赐食制度有关。在执政者看来，任何事物的统一步调都有利于维护管理秩序，食俗当然也不例外。于是就通过赐食的形式，促成了节令食俗的流行。

由于古代执政者把节令食品纳入了礼制的轨道，因此，这些应节食品便也带上了礼仪的色彩。如果在一定的节令不吃相应的食品，也会为人所耻笑。

此外，人们还根据食品形状和名称谐音，把吃某种食品与美好祝愿联系起来，成为一种风俗。如每当除夕，各家各户都要在餐桌上摆一两条鱼，图个"岁岁有余"；过年总要吃年糕，表达"年年高升"的意愿；而上元节则必定要以元宵为食，以求全家"团团圆圆"。

阅读链接

满族人一日三餐，习惯早晚吃干饭或稀饭，中午吃用黄米面或高粱米面做成的饼、糕、馒头、饽饽、水团子之类，做干饭也多用小米、高粱米、玉米。满族人喜吃甜食，过节时吃"艾吉格饽"，阴历除夕年饭必吃手扒肉等；还保留了饽饽、酸汤子、萨其玛、火锅等有民族特色的食品。

满族人习惯养猪，每年春节杀的年猪，把一部分肉腌在坛子里，以备一年的食用。其余的用来改善生活，款待来客。最习惯的吃法是白肉血肠、猪肉炖酸菜粉条。

处世礼俗

在人际交往中，我国古代人们总以一定的、约定俗成的程序和方式来表现自律或敬人的完整行为。它是由一系列具体礼节所构成，是一个表现礼貌的系统而完整的过程。

可以说，处世礼俗是待人以尊重和友好的习惯做法。我国作为礼仪之邦，自古以来，人们就特别注意为人处世的礼仪问题，往往表现在各个方面，并且具有十分特别的内涵。

尊老养老的礼仪习俗

  尊老养老是中华民族的传统美德。在文字尚不发达的古代，农业方面的生产技术，政治与外交方面的经验，只有一定年纪的人才能掌握。因此，尊老敬老具有教化民众、安邦治国的意义。

凉香
二十四孝之扇枕温衾

　　执政者把尊老敬老纳入了礼仪制度之中，这种制度在周代的前、中期发展到了顶点，后代也大多沿袭。

　　"老"在古代有两重含义，一是指本族的长辈，二是泛指老年人。后者的起始标准或以50岁为开端，或以60岁、70岁为起始，略有出入，但都以十年为界隔分为几个层次。《礼记·王制》：

　　　　五十始衰，六十非肉不饱，七十非帛不暖，八十非人不
　　暖，九十虽得人不暖矣。

　　意思是说，人到50岁以后开始衰老，60岁以后要肉食才饱，70岁以后要盖丝绵被才保暖，80岁以后要有人伴睡才保暖，90岁后即便有人伴睡，也不保暖了。

　　因此，周代规定，老人年50岁即养于乡，60岁养于国，70岁养于学。由于老人寿数渐少，故预先须为送终做准备，提前制作老衣，60岁老人以年为单位准备，70岁以季准备，80岁以月，90岁则要以日计

■百善孝为先画

周武王（约前1087年—前1043年），西周开国君主，周文王次子。因其兄伯邑考被商纣王所杀，故得以继位，表现出卓越的军事、政治才能。继承父亲遗志，于公元前11世纪消灭商朝，夺取全国政权，建立西周王朝，成为我国历史上的一代明君。

算，天天都预备，只有被、褥、帽、带之类才在去世后制作。

古代国君最隆重的尊老礼仪是三老五更礼。三老是国老，五更是庶老，各选择德高望重、阅历丰富、精通世故，且已致仕的一位老人担任。为何以"三""五"命名，有不同解释，其中之一认为：他们通晓三德五事，故称三老五更。

三老五更礼各代的程序存在差异，59年，东汉明帝曾率群臣躬养三老五更于大学。当时选定的三老是李躬，五更是桓荣。行礼之日，三老五更穿戴一新，三老还手拄玉杖，乘车进入大学，明帝亲自迎接，行肃拜礼。然后设宴，汉明帝亲手为三老摆桌子，席间汉明帝还捋袖割肉，劝吃劝喝，并伴奏周武王伐纣之乐烘托气氛。此外赐三老、五更各二千石俸禄，另有酒一石、肉40斤。

魏晋时期，三老五更礼更为兴盛，尤其突出了三老五更以师道自居，训示皇帝的礼仪。至唐时，规定每逢中秋吉辰，皇帝必须在太学举行奉养三老五更礼。这一礼仪直到明代才随着皇权的膨胀而被取消。

举行三老五更礼，是古代执政者树立道德楷模的实践，对弘扬尊老养老的社会风气起到一定作用。

除了三老五更外，周代对其他高龄老人也设置专门机构，加以供养。《礼记·王制》载：

太学　名始于西周。汉武帝采纳董仲舒的建议，于公元前124年在长安设太学。由博士任教授，初设五经博士专门讲授儒家经典。魏晋至明清或设太学，或设国子学、国子监，或同时设立，均为传授儒家经典的最高学府。

　　　　周人养国老于东胶，养庶老于虞庠。

意思是说，西周将在国为官的老年人养在大学里，将士人及其他平民中的老年人养在小学里。

每逢节庆及国中大事，周天子都要进行视学，即亲自到老人聚集的学宫举行春秋祭奠及养老之礼。其

129

万事如意

处世礼俗

■孝亲为大图

时不仅载歌载舞，向老人进献酒食，而且还亲切交谈，向老人请教施政方略。平时如果老人生病，还设有专职人员定期慰问，"九十以上，日一问；八十以上，二日一问；七十以上，三日一问。"

战国以后，周代的养老制度逐步遭到破坏，许多具体规定已难以实施，周代那种集中赡养老人的做法并未绝迹。直到明代，还曾在各郡邑设养济院收养"孤老"，逢"改元或国有大典礼"就下诏收养"老病孤贫者"。特别是顺天府的宛平、大兴二县，一次即收数百上千名，"每名口月给太仓米三斗，岁给甲字库布一匹"。

尊老不只限于对老人生活上的关照，还表现在达到一定年龄的老人可以享受免除赋税、徭役甚至刑罚的待遇。

■古代孝亲图

《礼记》中的《王制》《祭义》等篇规定，从50岁开始不服徭役，80岁开始允许有一个儿子不服徭役，90岁以上则免除全家赋役。在法律上对老人也给予宽容，对于年至八九十岁高龄的"耄"，"虽有罪，不加刑焉"。由于古代"刑不上大夫"，所以这种规定实际上已把八九十岁的老者看作与大夫同权的象征。

　　至于特权的大小，则依年龄的差别分为不同等级。《礼记·王制》云：

　　　　五十杖于家，六十杖于乡，七十杖于国，八十杖于朝，

　　九十者，天子欲有问焉，则就其室，以珍从。

　　意思是说，50岁持杖只能在自家显示权威，60岁老人所持王杖在本乡范围有效，70岁持杖老人已在城邑中占据地位，80岁老人就可持杖出入朝廷，发表意见。年至90岁的老人，就是天子有事也不能召唤

■ 古代侍奉老人图

诏书 皇帝布告天下臣民的文书。在周代，君臣上下都可以用诏字。秦王嬴政统一六国，建立君主制的国家后，号称皇帝，并改命为制，令为诏，从此诏书便成为皇帝布告臣民的专用文书。汉代承秦制，唐宋时期废止不用，元代又恢复使用。

他了，而需亲自登门请教，并且要携带珍贵的礼物。

西汉时期，曾专门颁布了《王杖诏书令》，规定每年仲秋之月，朝廷授王杖给70岁以上的老人，并哺以糜粥，对80岁以上的老人还另加赏赐。自此之后，70岁的老人才具备持杖资格。

汉代的王杖长九尺，顶端雕有斑鸠形象，斑鸠为不噎之鸟，意谓老人饮食不噎，安享天年。

《王杖诏书令》还规定了持杖老人享有多种社会特权，如社会地位相当于年俸六百石的地方官吏；侮辱或殴打持杖者要以大逆不道罪论斩；享受免除赋税、徭役的优厚待遇，等等。

王杖制度主要行于汉代之前，魏晋南北朝时期礼仪松弛，只有少数皇帝行王杖之礼，唐代之后王杖制度就逐渐消亡了。

在王杖礼废弛后，宋代又创设了宴千叟的礼仪，并在明清盛行一时。其具体程序是：国君谕令诸司布告一定年龄以上的老人参加，约期在皇宫举行千叟宴。

举行千叟宴之日，伴随着中和韶乐，京官和众叟分列并进，于固定席位上相向而坐，行一叩礼，就位进茶；接着奉觞饮酒，年90以上的老人亲赴国君宝座前行跪拜礼，国君亲赐一卮酒；再分赐食品，受赐者皆于座位上行一叩礼，表示感激；又赐群臣及众叟膳食佳肴，受者于座位上行一跪三叩礼；然后国君根据老人的年龄及德行分别给予赏赐；最后，众叟于宫门外行三拜九叩礼谢恩。

由于千叟宴突出地显示了对老人的尊重，每当举行均引起社会轰动，有时还令地方官为老叟赴京提供车马，故每次参加者都逾千人。

1713年，清康熙帝为庆祝大寿举行的千叟宴更是盛况空前。当时赴京的老人达4000多人，其中80岁以上的就有570余人。1785年在乾清宫举行的千叟宴，参加者亦达3000多人。千叟宴推动了民间尊老礼俗的流行。

总之，尊老养老，特别是孝敬本家族长辈老人，是儒学文化中最基本的道德规范，在古代社会深入人心。尊老养老已经成为中华民族的优良传统，代代相传。

阅读链接

曾子是孔子的弟子，有一次他在孔子身边侍坐，孔子就问他："以前的圣贤之王有至高无上的德行，精要奥妙的理论，用来教导天下之人，人们就能和睦相处，君王和臣下之间也没有不满，你知道它们是什么吗？"曾子听了，明白老师孔子是要指点他最深刻的道理，于是立刻从坐着的席子上站起来，走到席子外面，恭恭敬敬地回答道："我不够聪明，哪里能知道，还请老师把这些道理教给我。"

在这里，"避席"是一种非常礼貌的行为，当曾子听到老师要向他传授时，他站起身来，走到席子外向老师请教，是为了表示他对老师的尊重。

跪拜的九种礼仪习俗

在社交礼俗中，跪拜礼是古代使用年代最长、频率最高的基本礼节。它起源于原始社会中人们互相致意的姿势。在废除跪拜礼之前，它一直在社会活动中普遍流行。

■明代拜见皇帝图

《周礼·春官·大祝》把跪拜礼分为九种，合称"九拜"，即稽首、顿首、空首、振动、吉拜、凶拜、奇拜、褒拜和肃拜。

稽首是属臣拜君、子拜父、学生拜老师及拜天、拜神、拜庙之礼。其动作是屈膝跪地，左手按右手拱手于地，然后头也伏在手前边的地上停留一段时间。因为头至地稽留多时，故称稽首。

顿首是地位相等的人互用的跪拜礼，其行礼方法与稽首同，只是俯身引头至地就立即抬起。因为头触地的时间很短，只略作停顿，所以叫顿首。

空首是国君回答臣下，或尊者对卑者的答拜礼。行空首礼时，身体先取跪姿，然后拱手至地，接着引头至手。所谓"空"，就是头并没有真正叩到地面，而是悬在空中。空首又叫"拜手"。古人在行稽首、顿首礼时，一般要先行拜礼。以上三种是正拜，按清代凌廷堪《礼经释例》卷一附《周官九拜解》的解释，属"吉事之拜"。

振动、吉拜和凶拜是三种"凶事之拜"。振动是丧礼中最重的跪拜礼。振动的行礼方法，郑玄注解《周礼》释为"战栗变动之拜"。凌廷堪《礼经释例》以为，"拜而成踊谓之振动"。踊指跳起脚来哭的动作。以此看来，振动所指是行拜礼时，跳脚击手，浑身战栗不已

人生遵俗

人生处世与礼俗文化

■ 古代传统家庭礼法礼教

的状况。吉拜是"拜而后稽颡"，"因以其拜与顿首相近，故谓之吉拜"；凶拜是"稽颡而后拜"。

稽颡也是古代的跪拜礼，其礼为屈膝下拜，以额触地，在子为父母、妇人为丈夫与长子居丧时，答拜吊唁宾客行此礼，表示极度的悲痛和感激。另外请罪、投降时，亦行稽颡礼。

奇拜是指一次拜，褒拜是反复两次以上的拜礼，二者都说明拜的次数，不是独立的拜礼。奇拜、褒拜与上述六种拜礼的关系是"纬"与"经"的关系。稽首都是再拜，没有奇拜的情况，顿首及空首则都有奇拜。而褒拜则适用于稽首、顿首、空首等各种拜礼。如乡饮酒礼中所说的"再拜"，就是顿首之褒拜。

肃拜是妇女的正拜，其拜仪是屈膝跪地，下手不至于地而头微俯。男子在军中也行肃拜礼，这是因为将士戴盔披甲，不便于行其他拜礼。

■明代番邦觐见朝拜复原图

肃拜是九拜中礼节最轻的。女子之所以比男子礼轻，大概与母系社会时期女性长期居于受尊敬的地位，不必行大恭大敬之礼的传统习惯有关，而且就是这种较轻的肃拜也只沿用到唐代。武则天自立皇帝后制定礼仪，将女子的拜姿改为正身直立，两手手指相扣放胸前或左腰侧，微俯首，微动手，微屈膝，这种拜仪当时称为"女人拜"。

唐宋时期，女人在行这种拜礼时常常口称"万福"，以祝愿对方多福，所以后来又把女人拜叫作"道万福"或"万福礼"。这种拜俗从武则天改制开始，一直沿用到清代。

清代文学家蒲松龄《聊斋志异》卷四《狐谐》篇载，一名叫万福的儒生在济南收留一夜奔女，自称为狐，极诙谐。一日万福置酒聚友，其中有个名叫孙得言的客人出一联开万福的玩笑，其联云："妓者出门访情人，来时'万福'，去时'万福'。"众人苦思难对，而狐女却对出下联曰："龙王下诏求直谏，鳖也'得言'，龟也'得言'。"顿时令众人"绝倒"。这个故事的含义无须多论，但却说明"道万福"在清代仍十分普遍。

清代还有一种三跪九叩礼。据《清宫琐记》载，行此礼时先放下马蹄袖，然后跪下上身挺直，将手伸平举起到鬓角处，手心向前，然后放下，再举起再放下，这样连举三次站起来，即为一跪。如此三次即为三跪九叩礼。在一些特别的场合，如大臣被皇帝召见时，还需要碰响头，即在叩头时要使地砖上发出咚咚的响声。

另外，比拜轻的还有双手叠抱胸前拱手致意的揖礼，这是宾主相见的礼节。《仪礼·乡饮酒礼》郑玄注说："推手曰揖"。

古代揖礼根据对象的不同，推手时有高、平、下之别。其中对庶姓、没有亲属关系者，行礼时俯身，推手稍稍向下，称"土揖"。对异姓有婚姻关系的，俯身，手从胸前向外平推，叫"时揖"。对于同族同姓的就用"天揖"，俯身推手时略微向上举高。用于略尊于己者的揖礼，叫"长揖"，即行礼时站立俯身，两手合抱拱手高举，然后自上而移至最下面。

后来，长揖成了不分尊卑的主客相见礼。《明史·海瑞传》载："御史诣学宫，属吏咸伏谒，瑞独长揖。"海瑞面对上官，只独自行长揖礼，突出地反映了他不媚权贵的性格。

阅读链接

我国号称"礼仪之邦"。到了清代时期，满族礼仪对于社会生活的各个方面，大到国家军政，小到衣食住行、举手投足，无不做出详尽的规定。

为维护封建等级制度和宗法制度服务是我国封建礼仪的最大特点，因而礼仪中处处体现着尊卑差别。而足以显示这种尊卑的，恐怕要属跪拜之礼了。

在我国的封建社会，臣子见皇帝要行三跪九叩的大礼；百姓见官员须先行跪拜；下级官员晋见级别相差较大的上级时要行跪拜礼；子孙晚辈拜见长辈要跪地磕头请安；祭祀祖先当然也要磕头了。

结拜与连宗的礼仪习俗

在古代社交活动中，还流行着"结拜"与"连宗"的风俗。

结拜也称拜把子，是异姓好友为使关系更加密切，不管分别来自何方，也不论各自的家庭背景，只要通过一种仪式结拜之后，就互相

桃园三结义雕塑

以兄弟姊妹相称；民间叫作干兄弟、把兄弟或干姊妹。不但结拜者来往如同兄弟姐妹，双方家人也如至亲往来，称呼如同家人，称作"干亲"。

结拜兄弟最广为人知的，大概要数《三国演义》第一回描写的刘备、关羽、张飞"桃园豪杰三结义"。当时三人焚香再拜后，共发誓言：

> 念刘备、关羽、张飞，虽然异姓，既结为兄弟，则同心协力，救困扶危，上报国家，下安黎庶。不求同年同月同日生，只愿同年同月同日死。皇天后土，实鉴此心。背义忘恩，天人共戮！

桃园结义虽为小说中的故事，但三国时期已时兴结拜却是事实。据《太平御览》记载："张温英才瑰玮，拜中郎将，聘蜀与诸葛亮结金兰之好焉。"所谓"结金兰之好"就是结拜，其典出自《易·系辞

■金兰同契帖

上》："二人同心，其利断金；同心之言，其臭如兰。"意思是说二人同心协力，能够把坚硬的金属截断；心心相印的语言，像兰花一样香馥芬芳。这是用"金兰"形容二人情投意合。

南朝宋刘义庆《世说新语·贤媛》在记述竹林七贤中山涛与嵇康、阮籍的友谊时也说："山公与嵇、阮一面，契若金兰。"后来，"金兰"就引申为结拜兄弟姊妹的代用词了。

■ 古代草桥结拜

结拜的主要礼仪是焚香祭祀、跪拜磕头、共立誓言和互相"换帖"。帖是一种书面的文契，一般用长条红纸来回折叠几次，成信封大小，再在封面写上《金兰谱》或《兰谱》。

里面则大抵写有结拜人某某等二人或若干人，因交情日笃，友谊深厚，愿意结拜为异姓兄弟或姊妹；然后写明姓名、籍贯、年岁、八字，以及父、祖、曾祖的姓名和出身、官职等；最后标明结拜的年、月、日，结拜人均签名盖章或按指纹。在祭祀完各人的祖先之后，互相交换此帖，每人保存一份，便算正式结拜为兄弟姊妹了。

结拜虽有情义在内，但实际上是扩大社会势力的一种办法。与此相似的还有"连宗"。所谓连宗，就是陌生的、并不相干的同姓人互相认作本家。

《红楼梦》第六回中，曾谈及王熙凤祖父与一个

刘义庆（403年—444年），南朝宋文学家。宋武帝刘裕之侄，袭临川王。任官各地清正有绩，后因疾病还京师，卒年41岁。汇集门客，著有《徐州先贤传》，编有《幽明录》《宣验记》等，但皆多散佚，只存《世说新语》一书大传于世。

■ 刘姥姥与王熙凤

人生遵俗

人生处世与礼俗文化

祠堂 是族人祭祀祖先或先贤的场所。祠堂有多种用途。除了"崇宗祀祖"之用外，各房子孙平时有办理婚、丧、寿、喜等事时，便利用这些宽广的祠堂以作为活动之用。另外，族亲们有时为了商议族内的重要事务，也利用祠堂作为会聚场所。

小小人家，即刘姥姥的女婿王狗儿的祖上连宗的事："原来这小小之家，姓王，乃本地人氏，祖上也做过一个小小京官，昔年曾与凤姐之祖、王夫人之父认识。因贪王家的势利，便连了宗，认作侄儿。"这种连宗的理由，表面上常说："五百年前是一家，一笔写不出两个王字。"其实同姓未必同宗。

就王姓来说，先秦时帝王的子孙多称王子、王孙，他们的后人就有不少称为王氏。例如商代的王子比干、周朝的王子晋、战国时魏国信陵君王子无忌以及田氏齐王等等，都有子孙称为王氏。王姓来源不一，分支众多，如无家谱记载，同宗的可能性是很小的。

如果是有家谱可查的同族认亲，则称为"认宗"。古代有写家谱的习俗，一般大户都要立祠堂，修家谱，常常上推到十几，甚至数十代的繁衍分支情况。如果是属于"同谱"，即同一宗族的人，虽然由于种种原因多年，甚至几代没有往来，但只要有一方到另一方登门拜访，对上家谱，就可以认作本家。

如《红楼梦》中的贾雨村，因为与荣国府同谱，所以一到京城就马上拿了"宗侄"的名帖去拜见贾政。认宗之后，贾政成了他的宗叔，宝玉等人成为他的族弟，这就成了走得很近的同族本家人了。

认宗因为有据可查，递个写明宗族关系的名帖就行了。而连宗则一般还要举行仪式。有祠堂的要到祠堂中烧香，要通知族人参加，排列辈分后要写到家谱中，以后就要按照本族人、本家人的"礼数"来往了。

一般情况下，连宗双方的社会地位及势力并不对等，有的甚至还相差悬殊。如《红楼梦》中所说京城一个"小小人家"竟可与列入"护官符"、被誉为"东海缺少白玉床，龙王来请金陵王"的显赫名宦之家连宗。在等级森严的封建社会，这似乎不好理解，那么原因在哪里呢？这是因为古代社会有着很强的宗法氏族观念。

在宗法社会中，氏族是社会的重要组成单位，各个氏族集团都讲究人财两旺，即人丁越多越好，财产也越多越好，而且把人丁放在第一位，因为只有人多才可势众。一方面那些寒门小户，因势孤力单，为在社会上寻求照应，当然要趋炎附势，想方设法通过连宗、认宗高攀权贵，进而希求有所发展。另一方面，那些有权有势的富贵之家，多一门本家就等于扩大一点势力，为了壮大门庭，也乐于接纳那些追随投靠者。说穿了，连宗实质是封建宗法社会中，人们因权势、利益而互相联络利用的一种手段。

阅读链接

赵子龙是三国时代刘备手下大将，在进取四川之时，攻破桂阳城，守将赵范战败献城。赵范仰慕赵子龙英勇超群，又是同宗，要求结拜为兄弟。结义当日，赵范备酒席庆贺，酒至半醉，忽然一位美如天仙的少妇，为赵子龙斟酒，赵子龙问她是何人，赵范说她是家嫂樊氏，家兄刚去世不久，并说樊氏仰慕赵子龙已久，愿意终生奉侍。

赵子龙听了大声严厉斥责赵范说："你我既然已经结义为兄弟，你嫂即是我嫂，怎么可以如此乱伦！"言罢愤愤离席。其凛凛正气，备受世人敬佩。

送礼与名帖的礼仪习俗

我国自古讲究"来而不往非礼也"。"四大名著"之首的古典小说《红楼梦》中，记载了大量送礼的事例，比较全面地反映了当时送礼的习俗。当代著名红学家邓云乡曾著有《红楼风俗谭》一书，把《红楼梦》中的送礼分为八类：

一是纯属友谊情感的馈赠。如第三十一回写史湘云送姐妹们绛纹石戒指，东西虽小，但有送有收，也属送礼。

古代金戒指。

二是初次见面的馈赠，即常说的见面礼。其中有为友情的，有因礼貌的，还有另存目的的，情况较为复杂。

三是红、白喜事的送礼。娶亲、聘女、过寿是红喜事；死人是丧事，但白寿也当喜事

办，叫"白喜事"。此外尚有盖房上梁、乔迁新居、做佛事等，都当喜事送礼。各种红白喜事送礼，除关系特殊者外，一般是"礼"的成分多而"情"的成分少了。

■古代漆木礼盒

四是生日送礼，一般生日与整寿祝寿的礼不同，所送礼物也因过生日者的身份地位而有区别。

五是节礼，过年、元宵、清明、端午、中秋、冬至、腊八等大小节日都要送礼。节礼亲友之间要送；上下级之间要送；宫廷也要向王公贵戚家送，不过不说"送"，而叫"赏"；还有借送节礼来"打秋风"的，即倚仗权势，借着给富豪之家送一点不值钱的礼物，换取银钱财物等价值更重的回礼，其送礼为名，图利是实。

六是送土特产，过去叫"馈送土仪"。古代旅行不易，长途跋涉到外地，总要带些地方特产送礼。如《红楼梦》第十六回写黛玉由江南回来，"将些纸笔等物分送与宝钗、迎春、宝玉等"，也属于这一类。

七是穷富亲友之间的礼物。比如刘姥姥和荣国府

来而不往非礼也 语出《礼记·曲礼上》："往而不来，非礼也；来而不往，亦非礼也。"表示对别人给予自己的善意，应当作出友好的反应，否则是不合乎礼节的。别人向自己表示了礼貌之后，自己必须要以礼回报，才算有涵养。

之间的礼物往来，虽然刘姥姥只是送了点儿瓜果干菜之类的，却得到了更多的回礼和资助，但其性质不同于"打秋风"。

八是钻营的送礼，即以送礼为手段去结交权贵，拉拢关系，进而得到更大好处。

从习俗上看，一般红白喜事，各种大礼，送大礼讲究四色、八色，不能送单数。呈上礼单后，收礼的人可以照单全收，也可全不收。而大多数情况是收几样退几样，把礼单上所列的，在收的物品下注明"敬领"，在不收的物品下注明"敬谢"，然后把礼单交送礼的人带回给其主人。

送礼要有礼单，收礼要有礼账。记礼账的目的主要是为了预备将来对方有事还礼时查考。对于送礼者则按例要给赏钱，以示犒劳。

与送礼相关联的还有"名帖"。名帖又称"帖子"。名帖在我国起源很早。据载，秦汉之际人们在拜访谒见时，就开始用名帖通报姓名了。不过那时的名帖是把竹木片削平，上书自己的名字，名称也叫"谒"，后又称"刺"。

《史记·郦生陆贾列传》记载，汉高祖刘邦引兵过陈留，郦食其"踵军门上谒"，求见刘邦。刘邦以为郦食其只是一普通儒生，不愿见，便派

■古代提篮礼盒

使者辞谢。结果郦食其"瞋目按剑叱使者……使者惧而失谒，跪拾谒"，急忙入内再报。刘邦这才召见郦食其。这里提到的"谒"，就是名帖。

东汉之后，由于造纸术的发明，开始用纸制作名帖，又有了"名""名纸""名刺"等名称。由于有的名帖除乡里、姓名外，还一并写上自己的官爵，故又称为"爵里刺"。

■ 古代漆木礼盒

唐宋时官僚士大夫中流行的"门状"，明清时下属见上司、门生见老师所用的"手本"，也都属于名帖的范畴。

名帖的作用，当初是人们在登门拜访求见时，用来通报自己姓名的。但逐渐又出现了逢年过节时，本人不登门而派仆从到亲戚朋友家投送名刺，以此祝贺节日的现象。南宋文学家周密《癸辛杂识》说：

> 节序交贺之礼，不能亲至者，每以束刺金名于上，使一仆遍投之，俗以为常。

古人对名帖十分看重，几乎成了本人的代表，派人送礼时携带着名帖，就等于自己亲自送去，显得更为礼貌郑重。所以，封建社会后期达官显贵派仆人送礼，一般都同时呈上本人名帖以示恭敬。

如《红楼梦》第十一回写贾敬过生日，贾蓉谈

《癸辛杂识》是宋末元初词人、学者周密的一部史料笔记。宋亡后，周密寓居杭州癸辛街，以南宋遗老自居，著书以寄愤，因而得名。内容广泛，主要记载宋元之际的琐事杂言，遗闻逸事、典章制度，并记及都城胜迹杂录。

及："南安郡王、东平郡王、西宁郡王、北静郡王四家王爷，并镇国公牛府等六家，忠靖侯史府等八家，都差人持名帖送寿礼来。"

此外，明清时期请客赴宴、请医生来家治病等，也用名帖。让人拿名帖去请，就如同自己亲自去请。对方收下名帖就是接受邀请，而退回名帖并不是不接受邀请，只是不敢承当亲自去请的礼节。

《红楼梦》第十回记贾珍给秦可卿请医生，说他已叫人拿自己的名帖去请了。去的人回来禀报道："奴才方才到了冯大爷家，拿了老爷名帖请那先生去，那先生说是：'方才这里大爷也和我说了，但只今日拜了一天的客，才回家，此时精神实在不能支持，就是去到府上也不能看脉，须得调息一夜，明日务必到府。'他又说：'医学浅薄，本不敢当此重荐，因冯大爷和府上既已如此说了，又不得不去，你先替我回明大人就是了。大人的名帖着实不敢当。'还叫奴才拿回来了。"这里描述的就是当时使用名帖的一种情况。

阅读链接

古人在与人交往活动中十分看重名帖。古代名帖中以贺年为意旨的，后来称之为贺年片。

明代书画家文徵明在《拜年》一诗中写道："不求见面惟通谒，名纸朝来满敝庐。我亦随人投数纸，世情嫌简不嫌虚。"在清代人的笔记中，有一个关于名帖的故事，极为有趣。某官为炫耀自己的地位权势，令仆人持的恭贺新年的名帖竟有三尺长一尺宽，上门投送某名士。名士见了，大笑，且取一张大芦席来，上糊红纸，写上字，让自己的仆人去回赠，以为讽刺。

源远流长的盟誓礼俗

盟誓，是指两国或更多的诸侯聚集在一起，通过一定的仪式，共同宣誓，约定协同办事，相互支援。结盟之后，双方就有了共同承担义务的约束。盟誓仪式在我国有悠久的历史。早在周代，遇到诸侯之间或周天子与诸侯之间关系不协调时，就要设盟立誓以维持稳定。到了春秋战国时期，大国欲以结盟扩大势力范围，小国也要通过联合保全自己的利益，因而盟誓活动更加盛行。比如春秋时期的齐桓公、晋文公、楚庄王、吴王阖闾、越王勾践等称霸时，也都是通过会盟宣誓确定了霸主地位。

■齐桓公雕像

结盟时要举行盟礼，盟礼时还要杀牲、歃血。会盟时，先要在地

■ 会盟用的牲畜头

上挖一方形土坑备用，接着由戎右帮助掌管盟礼的"司盟"杀掉盟牲，割下牲牛的左耳，放在珠盘里，由盟主拿着，这叫"执牛耳"，又取牲牛血盛在玉敦里，并蘸着牲血书写盟书。

会盟正式开始，盟主、司盟及同盟诸侯都肃立于坛上，先由司盟宣读盟书，诏告神明，然后，担任保卫工作的戎右端来盛牲血的玉敦，打开敦盖，盟主先饮血，接着依照尊卑次序一一饮血，以示矢志不渝，这叫作歃血。歃血也有会盟者口含牲畜之血，或用手指蘸牲血涂抹在嘴上的。

歃血之后，要取一份盟书放在牲牛上，一起埋到方坑里。同盟者则各取一份事先抄好的盟书，回去后收藏于祖庙或掌管盟约的官府。此后，盟书内容就成为会盟者共同遵守的原则和行动准则。

盟礼中最重要的仪式是歃血。不论何种盟誓的场合，举凡结盟都必须履行歃血的礼仪，且一直流传

齐桓公（前716年—前643年），春秋时代齐国第十五位国君。任管仲为相，推行改革，实行军政合一、兵民合一的制度，齐国逐渐强盛。于公元前681年在甄召集宋、陈等四国诸侯会盟，是历史上第一个充当盟主的诸侯。

于后世。据南宋李焘《续资治通鉴长编》卷87记载，1016年9月，曾经反叛的"抚水蛮人"，"悉还所掠汉口、资畜，乃歃猫血立誓，自言奴山摧倒，龙江西流，不敢复叛"。

后世缔结盟约时，为表明决心，也要用刀斩一只雄鸡，在每碗酒里洒几滴鸡血，对天发誓，然后各饮尽血酒，表示亲如手足，有福同享，有难同当。

由于歃血在盟誓活动中的普遍应用，以至于后来"歃血为盟"成了常常连用的专用词组。比如清代天地会拜盟时，则是入会者用银针刺破自己的中指，让血滴入酒碗，然后在场的全体会员共饮这碗血酒，同时吟唱"此夕会盟天下合，四海招徕尽姓洪，金针取血同立誓，兄弟齐心要和同"等诗句，然后再焚香、宣誓。

在先秦时期，盟与誓是有区别的。誓只是通过语言相互缔约，所以约束作用比盟要小。誓礼也较为简

《**续资治通鉴长编**》 北宋史学家李焘仿司马光著《资治通鉴》体例，断自宋太祖赵匡胤建隆年间，迄于宋钦宗赵桓靖康年间，记北宋九朝帝王共168年的事件，今村520卷，是古代私家著述中卷帙最大的断代编年史。史料丰富，为研究辽、宋、西夏等史的基本史籍之一。

■东周温县盟书

单，不用杀牲、歃血。由于结盟必要发誓，后来"盟誓"两字连用，盟誓的礼仪也合二为一了，后代也常有为表明决心，双膝跪地，仰面朝天，赌咒发誓的情况，这大概应属誓礼的遗风。

由于盟誓是在大庭广众之中举行，又要向古人信仰的神明发誓，所以还是有一定约束力的。

《春秋·僖公九年》载：公元前651年，齐桓公九合诸侯，以葵丘之会最盛。在葵丘之会上，齐桓公代表诸侯各国宣读了共同遵守的盟约。其主要内容是，不准把祸水引向别国；不准因别国灾荒而不卖给粮食；不准更换太子；不准以妾代妻；不准让妇女参与国家大事。这些内容，有些是各国在经济上互相协作的要求，有的是维护宗法统治秩序的需要。条约规定，"凡我同盟之人，既盟之后，言归于好。"通过葵丘的盛会，齐桓公终于达到了联合诸侯，称霸中原的目的。

齐桓公顺应了当时王室衰微，大国崛起的形势，采取了一系列符合当时形势的对内对外政策，对齐国的社会发展，对捍卫中原先进文化免受戎狄等落后民族的破坏，建立了一定的功绩。

阅读链接

公元前279年，秦赵两国议定在渑池西河之外进行会盟。秦王以强凌弱，胁迫赵王鼓瑟且令记入秦史。蔺相如愤然而起，请秦王击缶，秦王怒而不允，蔺相如正气凛然迫使秦王击缶，亦令记入赵史。秦王随员恼羞成怒，让赵国割十五座城池给秦王祝寿，蔺相如寸土不让，则要秦国献都城咸阳做赵王寿礼。两国最终和谈成功，双方偃旗息鼓停止战争，化干戈为玉帛。为表示诚意，双方捧土成丘掩埋兵器和盟书。

渑池会盟是秦、赵两国政治外交上的一场较量。由于蔺相如不顾个人安危，机智勇敢，挫败了秦国的嚣张气焰，灭了秦国的威风，长了赵国的志气，因此在历史上传为佳话。